_____ 님께 드립니다.

바리스타 목사의 신앙 레시피

초판 발행 2025년 11월 7일
초판 1쇄 2025년 11월 17일

지은이 최우성

발행처 물맷돌 / 수엔터테인먼트
발행인 최남철
교정, 교열 윤희숙
디자인 D.HJ
마케팅 이주환

총판 생명의말씀사
출판등록 306-2004-8
주소 서울시 송파구 중대로 207, 2층 201호
구입문의 010-9194-3215

ISBN 979-11-86126-49-3 (03230)

바리스타 목사의
신앙 레시피

최 우 성 지음

물맷돌

박영순 『커피인문학』 저자

커피, 그 쓴맛 너머의 향기
: 용서와 사랑에 대한 깊은 사유

한 잔의 커피에서 용서와 사랑을 사유하고 한 알의 원두에서 신의 섭리를 읽어내는 지성이 있다. 최우성 목사의 『바리스타 목사의 신앙 레시피』는 단순히 커피의 미학을 논하는 기호의 서책을 넘어, 한 방울의 검은 액체 속에 깃든 인간과 역사, 신앙의 파노라마를 펼쳐 보이는 깊고 향기로운 묵상록이다. 우리 시대의 가장 일상적인 음료가 어떻게 가장 성스러운 언어로 승화될 수 있는지를 이 책은 유려한 필치로 증명하고 있다.

저자는 신학자의 예지와 목회자의 온기, 그리고 바리스타의 섬세함으로 커피와 신앙의 길을 정교하게 조율한다. 그의 사유는 태초의 에덴으로 거슬러 올라 '인류 최초의 커피 테이스터'였을 아담과 하와를 호명하고, 믿음의 조상을 커피의 원종에 비유하는 탁월한 신학적 상상력으로 독자를 경탄하게 만든다. "내가 세상 끝날까지 너희와 항상 함께 있으리라"는 성경의 약속이 "I always be with you"라는 '커피의 꽃말'과 조우하는 대목에서는, 평범한 일상 속에 깃든 신의 은총을 발견하는 경이로운 순간을 마주하게 된다.

이 책이 지닌 가장 큰 미덕은 커피를 인간을 향한 사랑의 실천적 언어로 승화시킨다는 점에 있다. 저자에게 커피는 단순한 기호품이 아니라 '섬김'의 행위요, 갈등을 해소하는 '소통의 장'이며, 고독한 영혼에게는 따뜻한 '벗'이 되어주는 환대의 손길이다. 그는 공허한 "허세 커피"를 지양하고 "친구의 따뜻한 눈빛"이 담긴 커피의 진정한 가치를 역설하며, 기술이 지배하는 시대일수록 인간을 인간답게 하는 것은 결국 공감의 온도임을 통찰한다. "교회도, 카페도 온도가 중요합니다"라는 혜안 어린 문장은, 복음의 정수가 차가운 교리가 아닌, 얼어붙은 마음을 녹이는 온기에 있음을 다시금 우리에게 각인시킨다.

무엇보다 이 책이 독자의 마음에 깊은 울림을 주는 이유는, 커피를 통해 '용서'라는 가장 숭고한 사랑의 행위를 사유하기 때문일 것이다. 저자는 커피가 본질적으로 '기다림의 미학'을 품은 음료임을 환기시킨다. 갓 추출된 커피의 뜨거움과 쓴맛이 시간의 흐름 속에서 잦아들며 마침내 그 안에 숨겨진 부드러운 향미를 드러내듯, 용서의 과정 또한 이와 다르지 않음을 그는 역설한다. 마음을 할퀴는 상처의 통증과 분노가 시간 속에서 가라앉기를 기다릴 때, 우리는 비로소 상대를 이해하고 용서를 결단할 힘을 얻게 되는 것이다. 실로 놀라운 통찰이라 하지 않을 수 없다. 커피의 쓴맛이 사라진 자리에 아름다운 향이 피어나듯, 용서라는 결단은 상처의 기억 위로 피어올라 존재를 살리고 관계를 회복시키는 성스러운 향기가 된다. 저자의 조용한 권면은 그래서 더욱 깊은 여운을 남긴다. 커피 한 잔을 마주하고 건네는 "미안합니다", "괜찮습니다"라는 짧은 언어가 우리 마음의 지성소를 향기롭게 채울 것이라는 그의 가르침은, 이 시대를 살아가는 우리 모두에게 반드시 필요한 영적 지혜가 아닐 수 없다.

사유의 지평은 교회의 문턱을 넘어 세상을 향한 담대한 선교의 도구로서 커피를 재조명하는 데까지 나아간다. '10/40 window'를 향한 선교적 비전, 새로운 목회 패러다임에 대한 대안, 그리고 '게이샤 커피'에 비유한 작은 교회의 존귀함에 대한 통찰은, 이 시대 교회가 나아가야 할 길을 제시하는 선지자적 목소리로 울려 퍼진다. 뜨거운 물을 통해 비로소 잠재된 향을 발하는 커피처럼, 인생의 고난이 신앙을 더욱 깊고 진하게 만든다는 그의 고백은 독자의 영혼에 큰 위로와 감동을 선사한다.

개인적으로, 최우성 목사님은 커피인문학으로 이끌어 주신 소중한 분이다. 커피 한 잔이 얼마나 장엄하고 깊은 세계와 연결될 수 있는지를 명징하게 보여주는 영적 탐구서라는 느낌을 받았다. 많은 분들이 이 책을 통해 매일 마주하는 커피를 통해 창조주의 숨결을 느끼고, 삶을 성찰하며 상처를 치유하는 거룩한 시간으로 초대받게 될 것이라고 믿는다. 목사님께서 에필로그에서 강조하듯, 사랑과 신앙에는 존재의 깊은 향미가 우러나오는 '뜸들이는 시간'이 필요하다. 부디 많은 지성들이 이 책과 더불어 삶의 조급함을 내려놓고, 영혼의 가장 깊은 향을 길어 올리는 그 성숙한 기다림의 여정에 동참하게 되기를 진심으로 기원한다.

우종호 박사 (CCAK 회장 / 커피품평협회 / 농학박사)

커피를 넘어, 사람과 시대를 잇는 언어

커피는 단순한 한 잔의 음료를 넘어섭니다. 그것은 사람과 사람을 잇는 다리이자, 우리 시대의 향기를 고스란히 담아낸 언어입니다. 저는 지난 30여 년간 커피의 향과 본질을 깊이 탐구해왔습니다. 그 긴 여정 속에서 수많은 커피인을 만났지만, 최우성 목사는 그중에서도 진정으로 '커피를 사랑하고 사람을 사랑하는 사람'이라 단언할 수 있습니다.

학문, 예술, 그리고 진정한 사랑의 융합

그는 커피를 학문으로, 목회를 예술로, 그리고 사람을 향한 헌신적인 사랑을 신앙으로 아름답게 빚어내는 보기 드문 인물입니다. 강원대학교에서 함께 커피를 연구하고 농학박사 과정을 함께 밟으며 나눈 수많은 대화와 연구는 단순한 학문적 동지 관계를 넘어 깊은 우정을 만들었습니다. 그때부터 저는 그의 시선 속에서 변함없이 '진심'과 '깊이'를 보았습니다.

삶의 온기를 전하는 커피와 신앙의 향기

최우성 목사의 글은 겉으로는 커피를 이야기하지만, 결국 사람의 본질과 신앙의 가치를 이야기합니다. 그는 커피의 맛과 향, 그리고 한 잔에 담긴 철학을 통해 우리 삶에 따뜻한 온기를 전하고, 작은 교회의 희망을 말하며, 우리가 잊고 지냈던 초심과 감사의 마음을 다시금 일깨웁니다.

그의 글은 커피를 통해 신앙의 향기와 인간의 온기를 동시에 느끼게 해줍니다. 마치 잘 볶은 원두처럼 시간이 지날수록 그 향이 더욱 깊어지고, 읽을수록 독자의 마음을 따뜻하게 감싸 안아줍니다.

독자에게 전하는 울림

독자 여러분께서도 이 책을 통해 한 잔의 커피처럼 진하게 우려낸 그의 사색과 믿음, 그리고 삶의 향기를 깊이 음미하시길 바랍니다.

"커피는 향기로 남지만, 사람은 기억으로 남는다. 나는 이 책을 통해, 그가 남긴 향기를 오래도록 기억하고 싶다."

원성웅 목사 (감리교 서울연회 전 감독, 옥토교회 원로목사)

　나는 최우성 목사의 글을 읽을 때마다 한 잔의 커피를 마시는 듯한 여운을 느낍니다. 처음엔 그저 향긋했지만, 읽을수록 그 안에 녹아 있는 신앙의 깊이와 삶의 온기가 마음을 따뜻하게 덮습니다. 그의 글은 단순한 커피 이야기가 아닙니다. 커피를 통해 인생을 말하고, 신앙을 이야기하며, 하나님을 묵상하게 만듭니다.

　그는 커피를 연구한 농학 박사이자, 말씀을 전하는 목회자이며, 동시에 세상을 따뜻하게 바라보는 인문학자입니다. 그가 쓴 글 속에는 삶을 진지하게 성찰해온 흔적이 있고, 사람을 사랑하고 품어온 목회의 향기가 있습니다. 커피의 한 방울이 흙과 햇살과 비를 품고 있듯이, 그의 글 한 줄 한 줄에는 시간의 인내와 믿음의 향기가 스며 있습니다.

　무엇보다 이 책은 '작은 것의 아름다움'을 일깨워줍니다. 커피 한 잔을 정성껏 내리는 그 손길처럼, 하나님께 드려지는 우리의 예배도 그렇게 진심과 기다림으로 빚어져야 함을 말합니다.

　그는 커피의 뜸 들이는 과정을 통해 신앙의 인내를, 로스팅의 불길 속에서 영혼의 연단을, 향기 속에서 사랑의 본질을 발견해냅니다. 그래서 그의 글을 읽고 나면 마음속 깊이 은혜의 향기가 피어납니다.

나는 이 책이 단지 커피를 좋아하는 사람만이 아니라, 삶을 향기롭게 살고 싶은 모든 이들의 영적 교과서가 되리라 믿습니다.

특히 지친 목회자와 신앙의 의미를 다시 찾고 싶은 성도들에게 이 책은 '한 잔의 위로'가 될 것입니다.

커피 한 잔을 통해 하나님을 만나고, 향기로운 인문학 속에서 복음의 메시지를 듣는 이 놀라운 여정에 여러분을 초대합니다. 이 책은 단순한 읽을거리가 아니라, 묵상하고 기도하게 만드는 책, 그리고 삶을 다시 사랑하게 만드는 책입니다.

나는 이 책을 진심으로 사랑하며, 저자의 깊은 영성과 진심에 박수를 보냅니다. 커피 향기처럼 잔잔하게 퍼지는 하나님의 은혜가 이 책을 읽는 모든 이에게 함께하길 축복합니다.

사람을 따라 흐르는 커피향기

한국 사람들은 누군가와 미팅 장소로 카페를 주로 찾습니다. 거기서 마주앉아 대화를 나눕니다. 커피 한 잔을 시켜놓고서 말입니다. 그러면 순간 앞에 놓인 커피잔 속에서 은은한 커피 향기가 흘러 나옵니다. 그 향은 어느새 온 카페 안을 가득 채우고 그러면 더욱 화기애애한 분위기가 연출됩니다.

이렇듯 누군가의 삶 속에서 커피는 단순한 음료가 아니라, 마음의 문을 열어주는 열쇠입니다. 대화의 촉매 역할을 하기도 합니다.

더욱이 크리스천이라면 그 자리는 믿음의 고백이 되고, 때로는 깊은 사색과 결단의 자리가 되기도 합니다. 웨슬리, 스펄전, 그리고 역사 속 수많은 크리스천들이 마주한 한 잔의 커피속에, 우리는 그들의 시대와 신앙의 숨결을 느낄 수 있습니다. 커피 한 모금에 스며든 신앙과 인생 이야기를 만나볼 수 있는 것입니다.

역사의 물결 위에 피어난 커피

역사는 거대한 강물처럼 흐릅니다. 그 속에서 커피는 때로는 조용히,

때로는 격랑 속에서 사람들의 삶과 함께 숨 쉬어 왔습니다. 전쟁과 평화, 개척과 몰락, 기쁨과 슬픔의 한가운데서도 커피는 언제나 우리 곁에 있었습니다. 타이타닉의 식당, 베트남의 카페 거리, 오스트리아 빈어느 카페의 아인슈페너 속 따뜻한 크림 속에도, 선거 현장의 토론 속에도, 크리스마스의 불빛 속에도, 도시의 분주한 카페에도, 변두리의 작은 식당에도 스며 있습니다. 그것에는 시대를 넘어 전달되는 향기와 스토리가 있습니다.

커피는 거리와 시대를 가로질러 우리 곁에 있었던 것입니다. 커피는 문화를 만들고, 때로는 관계를 회복시키며, 또 어떤 때에는 세상의 부조리를 비추는 거울이 됩니다.

커피향을 따라가다 보면, 우리는 결국 사람과 사람, 마음과 마음이 이어지는 자리로 나아가게 됩니다. 그렇게 역사의 현장에서 피어난 커피 한 잔이 전하는 진한 울림이 있는 것입니다.

작은교회, 큰 향기

그 울림은 크지 않아도 향기는 멀리 퍼집니다. 비단 카페뿐이 아닙니다. 어느 이름 없는 골목 끝 작은 교회에서도, 목사가 핸드드립으로 내려 주는 커피 한 잔이 성도들의 마음을 위로하고 복음을 전합니다.

때로는 낡은 커피머신을 고치며, 때로는 병든 화분을 살리듯 깍지벌레를 잡아내듯, 이들 작은 교회들은 묵묵히 하나님의 나라를 회복하고 가꾸어갑니다. 처음 게이샤 커피처럼 귀하지만 잘 드러나지 않는 작은 교회의 향기, 그 따뜻한 이야기를 함께 나눕니다.

몸과 영혼을 지키는 커피 한 잔

커피는 단순한 기호품을 넘어 우리의 몸과 마음에 영향을 미칩니다. 잘 마시면 힘이 되고, 무심코 마시면 피로가 될 수도 있습니다. 하지만 커피를 대하는 태도는 곧 우리 삶을 대하는 태도와 닮아 있습니다. 균형과 절제, 그리고 즐김. 한 잔의 커피 속에서 몸과 영혼을 지키는 지혜를 배워봅니다.

비유 속에 스며든 복음

예수님은 복음을 전하실 때 늘 우리 일상의 언어로 말씀하셨습니다. 씨앗, 포도나무, 누룩처럼, 우리에게 익숙한 것 속에 하늘의 비밀을 담으셨습니다. 커피 또한 그렇습니다. 뜨거운 물에 내려야 제 맛을 내듯, 사랑도 그렇게 내려야 깊어집니다. 물맛이 좋아야 커피가 맛있듯, 우리의 내면이 맑아야 믿음의 향기도 진해집니다. 한 잔의 커피에 담긴 복음의 은유를 통해, 하나님 나라의 지혜를 새롭게 발견해 보십시오.

이 교회 커피 이야기는 오늘날 교회와 커피를 떼려야 뗄 수 없는 좋은 선교 도구가 되고 있습니다. 이웃과 소통하기 위해 이보다 더 좋은 매개체는 없다고 생각됩니다. 잘하면 선교의 멋진 도구가 되리라 믿어 의심치 않습니다. 이제 그 타당한 이유를 한 줄 한 줄 적어나가 보면서 '바리스타 목사의 신앙 레시피 이야기'를 시작합니다.

CONTENTS

PART 1
커피의 탄생

PART 4
커피는 정말 건강에 좋은가

PART 5
커피가 교회를 만나면

PART 6
커피는 멋진 선교 도구가 될 수 있나

커피의 탄생

셜록 홈즈와
커피 한 잔

한 잔의 단서
: 셜록 홈즈, 커피를 추리하다

런던, 1895년 겨울.

221B 베이커가의 아침은 언제나처럼 침묵 속에 깨어났다.

나는 신문을 펼쳐 들었고, 홈즈는 벽난로 옆 의자에 기대어 있었다.

그의 손에는 한 잔의 뜨거운 커피가 들려 있었다.

"커피 한 잔만으로도,"

그는 고요히 입을 열었다.

"사람의 생활습관, 심리, 나아가 범죄까지도 유추할 수 있지."

나는 웃음을 터뜨렸다.

"홈즈, 자네는 과연 커피에서도 사건을 보는 건가?"

"왓슨," 그는 잔을 한 모금 마시고는 단호히 말했다.

"세상에서 가장 교묘한 위장으로도 사람의 커피 취향을 숨길 수 없다네."

"예를 들어보지."

홈즈는 커피잔을 빙글빙글 돌렸다.

"진한 블랙 커피를 아침마다 마시는 이는 신속한 사고와 명료한 판단을 추구하는 성향을 지녔네. 그는 지식인일 가능성이 높고, 행동은 신중하며, 대화 중에도 긴 침묵을 두려워하지 않지."

나는 고개를 끄덕였다.

"그렇다면 설탕과 우유를 듬뿍 넣는 사람은?"

"감각을 즐기는 사람. 복잡한 사고보다는 감정에 충실하고, 때로는 부드러움 속에 불안함을 숨기기도 하지."

홈즈는 미소를 지었다.

"이처럼 단 하나의 커피 선택도, 그 사람의 마음속 지도를 펼쳐 보일 수 있다네."

홈즈는 창밖을 가리켰다.

"창밖의 카페들을 보게. 저곳들은 단지 음료만 파는 곳이 아니라네."

정치인들은 커피 하우스에서 비밀스런 담판을 벌였고, 신문 기자들은 거기서 최신 소문을 흘려보냈으며, 탐정과 정보상들도 커피 한 잔을 사이에 두고 거래를 했지.

"커피 하우스 하나를 관찰하면," 홈즈는 단언했다,

"그 지역의 범죄 패턴, 정치적 불안, 심지어 개인적 야망까지 파악할 수 있다네."

그는 진지한 표정으로 말을 이어 나갔다.

"살인 사건을 추적할 때, 나는 종종 피해자의 아침 커피 습관을 조사하지. 왜냐하면 커피는 변화에 민감하기 때문이야. 갑자기 커피 종류를 바꿨다? 그렇다면 누군가와 관계가 달라졌을 가능성이 있고, 평소보다 커피 소비량이 늘었다? 그렇다면 최근에 스트레스, 위협, 두려움을 느꼈을 가능성이 있다네. 커피를 끊었다? 그 사람이 중대한 결심이나, 위험한 계획이 시작됐을 수 있다고 볼 수 있지!"

홈즈는 미소를 지으며 이렇게 말했다.

"커피는 거짓말을 하지 않네, 왓슨."

홈즈는 마지막으로 커피를 마셨다.

잔은 비어 있었지만, 그의 눈은 여전히 깊은 생각에 잠겨 있었다.

"모든 사건은," 그는 중얼거렸다.

"하찮은 습관 속에서 실마리를 드러내지.

심지어 이 한 잔의 커피처럼."

나는 커피를 들고 생각했다.

아마도 우리가 지나쳤던 수많은 커피잔들,

그 속에 무수한 이야기와 진실이 숨어 있었을지도 모른다고….

—

위의 글은 추리작가 코난도일의 소설 중,
탐정 셜록홈즈가 커피 마시는 내용을 기초로 구성한
필자의 순수한 창작물임을 밝힙니다.

타이타닉호와
커피

출처: 타이타닉 공식 포스터(1997년, 제작사: lightstorm Entertainment
배급사: 파라마운트픽처스, 20세기 폭스사)

1912년 4월 14일 밤, 인류는 역사상 가장 비극적인 해상 사고 중 하나가 일어났습니다. 영국 사우샘프턴을 출항하여 미국 뉴욕으로 향하던 초호화 여객선, 타이타닉호가 북대서양에서 빙산과 충돌하며 침몰한 것입니다. 약 2,200여 명의 승객 가운데 1,500명 이상이 목숨을 잃은 이 사건은 단순한 해난 사고를 넘어, 기술에 대한 과신과 인간의 한계를 일깨우는 상징으로 남게 되었습니다.

하지만 이 엄청난 비극이 있기 직전에도, 타이타닉 호에서는 사람들이 여느 날과 다름없는 일상을 살아가고 있었습니다. 그 일상 중 하나가 바로 '커피'였습니다. 계층은 달랐지만, 승객들은 저마다의 방식으로 커피 한 잔의 향을 누리며 항해를 이어가고 있었습니다.

1등석 승객들의 커피

품격과 여유의 상징, 1등석 승객들에게 있어 커피는 단순한 기호 음료가 아니었습니다. 그것은 식사 후 즐기는 문화이자, 사교의 매개체이며, 품위 있는 삶의 일부였습니다. 당시 타이타닉 1등석의 정찬 메뉴에는 '카페 노와르(Café Noir)'라는 블랙커피와 '카페 베리에(Café Verre)'라는 유리잔에 담긴 커피가 등장합니다. 커피는 대부분 프렌치 프레스 혹은 드립 방식으로 우아하게 추출되었으며, 때로는 크림을 올린 비엔나 스타일의 커피도 제공되었습니다. 이들은 진한 프렌치 로스트 커피 원두를 사용해 깊고 풍부한 풍미를 즐겼고, 고급 은제 커피포트와 정제된 도자기 잔은 커피의 품격을 더욱 높여주었습니다.

2등석 승객들의 커피

중산층의 취향과 실용성, 2등석 승객은 주로 교양 있는 중산층 가족, 기술자, 또는 전문직 종사자들이었습니다. 이들은 유럽식과 미국식 생활양식 사이에 있는 과도기의 문화를 지니고 있었고, 커피 역시 그 경계선에 놓여 있었습니다. 식사 후 블랙커피가 제공되었으며, 우유나 설탕을 곁들이는 경우도 많았습니다. 커피의 맛과 향을 즐기기보다, 하루의 피로를 달래고 기분을 환기하는 실용적인 음료로 인식하는 경향이 있었으며, 원두는 1등석보다는 덜 고급스럽지만 여전히 깔끔한 품질을 유지한 중급 로스트 커피가 사용되었습니다.

3등석 승객들의 커피

고단한 희망 속의 따뜻한 위로, 3등석, 흔히 '스티어리지(Steerage)'라 불리던 구역의 승객들은 대부분 아일랜드, 이탈리아, 스칸디나비아 등지에서 새로운 삶을 찾아 미국으로 향하던 이민자들이었습니다. 그들에게 커피는 사치품이 아닌, 생계와 연결된 생필품에 가까웠습니다.주방에서는 대량으로 끓인 보일드 커피(Boiled Coffee)가 제공되었고, 로부스타 계열의 강한 원두가 사용되었습니다. 아프리카 콩고가 원산지인

로부스타 커피는 19세기 말부터 대량으로 생산되기 시작했는데 아라비카 커피보다는 서민들이 마시기에는 가격이 부담이 없었습니다. 때때로 우유나 설탕이 커피와 함께 제공되기도 하였지만, 대부분은 그저 따뜻한 한 잔으로 마음을 달래는 것이 전부였습니다. 하지만 그 한 잔의 온기는, 낯선 땅으로 향하는 이들의 가슴에 작은 위로와 희망이 되어 주었습니다.

커피는 기억을 담는 그릇입니다

타이타닉호가 침몰하던 그 비극적인 밤, 누군가는 여전히 마지막 커피 한 모금을 마시고 있었을지도 모릅니다. 구명보트에 몸을 실은 이들 중 일부는 커피 향기를 기억하며 바다 위에서 추위를 견뎌냈을지도 모릅니다. 그들에게 커피는 단순한 음료가 아니라, 위기의 순간에도 인간다움을 붙들게 해주는 조용한 동반자가 아니었을까요? 타이타닉호의 비극은 세월을 지나며 전설이 되었지만, 그 안에서 존재했던 커피 한 잔의 풍경은 여전히 오늘날 우리의 삶과 교차합니다. 신분과 계급, 문화의 차이를 넘어서서 사람들의 일상과 위안을 담아냈던 커피. 그것은 당시에도, 지금도 인간의 삶을 향기로 물들이는 깊은 의미를 지니고 있습니다.

타이타닉호 위에서 피어났던 커피의 향기는 오늘도 우리에게 조용히 말을 건넵니다.

"삶은 짧고, 그 속에서도 따뜻한 향기는 남는다"고 말입니다.

클레오파트라가
커피의 맛을 알았더라면

클레오파트라는 BC 69년에 태어나서 BC 30년까지 이집트를 통치했던 여인입니다. 그녀의 아버지는 프톨레마이오스 12세로 알려져 있는데 사실 그녀는 이집트 원주민이 아니라 마케도니아인이었습니다. 이집트인들은 그녀가 파라오긴 했지만 다른 민족 출신이라 그리 자랑하지도 좋아하지도 않는 여왕입니다. 하지만 그녀는 한때 알렉산드리아를 중심으로 이집트를 통치했던 파라오였음은 분명합니다.

그녀의 아버지는 재정적으로나 외교적으로 큰 어려움을 겪고 있었고, 특히 새롭게 강대국으로 부상하고 있는 로마 제국과의 위태로운 줄타기를 통해 간신히 나라를 이끌어 가고 있었습니다. 클레오파트라는 이런 상황에서 부친의 뒤를 이어 이집트를 다스리게 되었는데, 그래서인지 그녀는 외교적으로 탁월한 능력을 갖추고 있었습니다. 여러 나라의 외국어에 능통했다고 하고, 로마의 시저를 농락할 정도로 외교술에 뛰어났다고도 전해지고 있습니다. 그뿐 아니라 우리가 잘 아는 헤롯대왕과도 관계가 있었는데, 외교적 군사적으로 긴장 관계를 풀기 위해서 여러 번 만났고 그들이 연인의 관계로 발전하기도 했다고 전해집니다.

당시의 로마는 시저의 암살로 인해 매우 혼란스러운 상황이었습니다. 이때 '옥타비아누스'가 권력을 잡기 시작하면서, '마르쿠스 안토니우스', '레피두스'와 함께 2차 삼두정치를 결성하고 로마의 혼란을 잠재

웠습니다.

클레오파트라는 그녀가 다스리는 이집트의 운명을 위해 세 장군 중에서 한 명을 선택하는 도박을 해야만 했습니다. 그녀가 선택한 사람은 '안토니우스'였습니다. 그는 클레오파트라와 동맹을 맺고 아프리카 지역의 맹주로 이름을 날리기 시작했는데, 이 일은 시저의 양자이며 후계자인 옥타비아누스가 용납하기 어려웠습니다. 드디어 두 사람은 로마제국의 패권을 두고 운명의 결전을 벌였지만 옥타비아누스의 대승으로 끝나고 말았습니다. 안토니우스와 클레오파트라의 연합군은 BC 31년 악티움 해전에서 옥타비아누스의 대군과 마지막 결전을 벌였지만 참패하고, 클레오파트라는 일 년 뒤 독사가 자기 가슴을 물게 해서 죽었다고 알려져 있습니다.

그녀는 외교술만 뛰어난 것이 아니라 향수 전문가였다고 하는데, 직접 향수를 만들어 자기 몸에 뿌리고 남자들을 유혹했다는 것은 유명한 이야기입니다. 그래서인지 지금도 이집트에 가면 향수와 향수병을 판매하는 상점들을 많이 볼 수 있습니다. 이집트 카이로 박물관의 학예사들은 최초로 커피의 가치를 알아본 사람이 클레오파트라였다고 주장하기도 합니다. 물론 그녀가 커피를 마신 것은 아니지만 커피 열매를 태워서 아침마다 그 향기를 즐겼다고 주장합니다.

커피의 기원을 6세기 에티오피아로 보는 입장에서는 이는 황당한 주장처럼 보입니다. 그러나 이집트가 4대 인류 문명의 발상지인 점과 이집트 문명의 찬란함을 생각한다면 사실 여부를 따질 것이 아니라 그럴 수도 있다고 받아들여도 좋을 듯합니다. 하지만 이집트인들이 커피를 음료로 마시기 시작한 것은 그로부터도 700여 년 뒤인 619년, 이집트가 이슬람 세력에 의해 점령된 이후입니다.

이집트인들의 대표적인 음료는 우유를 넣어 끓인 홍차(샤이)입니다. 이는 영국 식민지 시절의 영향인데 이집트인들은 이 '샤이'를 즐겨 마십니다. 하지만 최근 카이로 번화가에는 스타벅스 같은 다국적 기업 커피 전문점들 뿐만이 아니라 우후죽순처럼 수많은 카페들이 생겨나고 있습니다. 일부 부유층들이 마시는 커피문화가 점차 젊은이들로 점차 확산되고 있는 추세라고 합니다.

파스칼은 그의 명상집 '팡세(Pensées)'에서 이렇게 말했습니다.

"클레오파트라의 코가 조금만 낮았더라면 세계의 역사가 달라졌을 것이다." 그녀의 신체의 사소한 변화도 세상의 운명을 바꿀 수 있었다는 뜻입니다.

그런데 저는 이렇게 말하고 싶습니다. "만약에 클레오파트라가 커피의 맛을 알았더라면 아마도 세계의 역사는 달라졌을 것이다."

클레오파트라는 커피의 향기만 즐겼습니다. 아마도 그녀가 커피의 맛을 볼 수 있었다면 아마도 세상은 달라졌을 것입니다.

커피는 하나님이 인간에게 주신 선물입니다. 오늘 아침에도 아침에 일찍 일어나서 새벽기도를 마친 후에 교인들과 함께 향기로운 커피를 마셨습니다. 클레오파트라가 즐기지 못했던 호사를 성도들과 함께 누려보시면 어떨까요?

커피는
사랑을 싣고

가을이 오면 그 누구나 추억에 쉽게 잠기게 됩니다. 낙엽이 물들어가는 거리를 보면서 정서가 풍부해지고, 지나온 추억을 그리는 것만으로도 마음이 따뜻해집니다. 이럴 때 향기로운 커피 한잔을 앞에 두고 좋아하는 음악을 들을 수 있다면 얼마나 행복할까요? 정말 행복은 멀리 있지 않습니다. 누구나 한 번쯤은 누군가를 사랑하고 그리워했던 기억이 있을 것입니다.

가곡 '첫사랑'은 작곡가 김효근 선생이 1985년에 자신의 아내에게 프로포즈를 하기 위해서 만든 노래라고 합니다. 이 노래 가사를 보면 정말 첫사랑의 절절하고 뜨거운 마음을 잘 표현하고 있습니다.

"그대를 처음 본 순간이여 설레는 내마음에 빛을 담았네
말 못해 애타는 시간이여 나 홀로 저민다
그 눈길 마주친 순간이여 내 마음 알릴세라 눈길 돌리네
그대와 함께한 시간이여"

현생 인류를 가리켜 호모 사피엔스(Homo sapiens)라고 하기도 하고 호모 에렉투스(Homo erectus)라고 하기도 하는데, 호모 사피엔스는 지혜로운 사람이라는 뜻이고, 호모 에렉투스는 '똑바로 선 인간, 직립하는' 이라는 의미가 있습니다. 그렇다면 커피를 마시는 인간은 어떻게 표현할

수 있을까요? 커피를 마시는 사람은 호모 카페인스(Homo Caffeinus)라고 할 수 있을 것입니다.

이 세상에는 커피를 마시지 않는 사람들과 커피를 마시는 사람들, 두 종류의 사람들이 있습니다. 제 주변에도 커피를 좋아하지 않는 분들이 있습니다. 이것은 그분들의 선택이니까 존중합니다. 카페인에 민감한 분들은 커피를 잘 마시지 않습니다. 건강을 위해 커피를 안 마시는 것입니다.

그런데 살펴보면 주변의 거의 모든 사람들이 커피를 좋아하고 즐겨 마십니다. 그만큼 커피는 이미 현대인의 삶의 일부가 되었습니다.

사람들에게 왜 커피를 마시는지 질문해 보면, 이유는 다양합니다. 피곤하니까 마시고, 졸지 않기 위해서 마시고, 식사하고 입가심으로 마시기도 합니다. 가장 큰 이유는 좋아하기 때문입니다. 모든 기호식품이 그렇듯, 좋으니까 커피를 마시는 것입니다.

어떻게 커피는 사람들의 마음을 사로잡았을까요?

커피 안에는 다양한 성분들이 있습니다. 대표적인 것이 카페인(Caffeine)이지만 이 외에도 다양한 성분들이 존재합니다. 저는 인류가 커피를 사랑하는 가장 큰 이유를 커피 속에 있는 다양한 향기 성분(Aroma) 때문이라고 생각합니다. 삶에 있어서 향기는 정말 중요합니다.

하나님이 인간에게 주신 후각의 기능은 생존에 큰 도움이 됩니다. 불에 타는 냄새를 맡으면 직감적으로 위험을 감지하고, 썩은 냄새가 나는 음식은 상한 음식이라고 인식하여 먹지 않게 됩니다. 향기로운 과일의 향기는 미각을 자극하고, 군침이 돌게 하고 소화액을 생성하여 식욕을 돕습니다. 다른 사람에게서 나는 향기로운 냄새는 그 사람에게 매력을 느끼게 하며 좋은 관계를 형성하게 합니다.

알려진 바에 의하면 커피에는 800가지 이상의 향기 물질이 존재합니다. 이 향기 물질은 한 번 인간의 후각에 인식되면 결코 잊혀지지 않게 된다고 합니다.

"후각은 기억보다 강하다"(L'odorat est plus puissant que la mémoire)라는 프랑스 말이 있습니다. 프랑스의 소설가 마르셀 프루스트(Marcel Proust)의 소설 '잃어버린 시간을 찾아서'에 보면 주인공이 홍차에 적신 마들렌 과자의 향기를 통해 과거의 기억을 되살립니다.

향기는 첫사랑의 기억을 소환합니다. 커피를 마시며 첫사랑의 추억에 잠겨보는 여유를 갖는다면 참 아름다운 가을날이 될 것 같습니다.

그런 점에서 커피는 복음을 전하는 일에 도움이 될 수 있습니다. 교회라는 특정 장소에서 향기로운 커피를 마시면서 처음 복음을 접하고 예수를 믿게 된 사람은 향기로운 커피를 마실 때마다 교회가 떠오르고 자기가 처음 예수를 만난 기억이 떠오르지 않을까요? 향기로운 커피를 한 모금 마시는 순간이 예수를 처음 사랑하는 순간으로 기억될 수 있다면 얼마나 좋을까요?

"그 마음 열리던 순간이여 떨리는 내 입술에 꿈을 담았네
 그토록 짧았던 시간이여 영원히 멈추라"

커피는 첫사랑의 기억을 소환합니다.

인류 최초의 커피
테이스터

오늘날 지구상에서 커피를 생산하는 나라는 약 칠십여 개국이 된다고 합니다. 이 통계는 알려져 있는 커피 생산국뿐만 아니라 우리나라처럼 비닐하우스에서 재배하는 나라들까지 포함한 숫자입니다. 그런데 그 나라들은 대부분 커피의 원산지가 아닙니다.

커피의 원산지는 아프리카 대륙입니다. 아라비카(Arabica) 커피는 에티오피아고 로부스타(Robusta) 커피는 콩고를 비롯한 서남아프리카 국가들입니다. 학자들은 유전자 분석결과 지금 존재하는 모든 커피의 조상은 유게니오이데스(eugenioides)라고 주장합니다.

성경 창세기에 보면 하나님께서 각종 씨 맺는 풀과 나무들을 만드셨습니다.(창1:1,2) 그리고 에덴동산을 창설하시고 만드신 사람을 그 곳에 두셨다고 했는데(창2:8), 그 곳에는 각종 아름다운 열매 맺는 나무들을 자라나게 하시고 아담과 하와에게 그것들을 마음껏 먹게 하셨습니다. 선악을 알게 하는 나무열매만 제외하고 말입니다.

그런데 흥미롭게도 성경속의 에덴동산이 있었다고 여겨지는 지역과 커피의 원산지에는 공통점이 있는 것으로 보입니다.

창세기 2장에 보면 에덴동산에서 발원하여 흐르는 강이 네 개가 있었습니다. 그 강들은 비손 강, 힛데겔 강, 기혼 강, 그리고 유브라데 강이었습니다.

비손강은 지금은 이름이 사라진 강인데 많은 학자들은 그 강이 지금의 나일강일 것이라고 추측하고 있고, 힛데겔 강은 티그리스강, 기혼 강은 구스 온 땅을 둘렀다고 했는데, 구스는 에티오피아의 옛이름입니다. 그리고 유브라데강은 지금의 유브라테스 강을 의미합니다.

이를 통해 에덴동산은 실재로 존재했던 곳이고, 지금의 중동지역을 포함한 아프리카와 아라비아 반도의 넓은 지역을 아우르는 곳이었다고 짐작할 수 있습니다.

아담과 하와는 하나님께서 허락하신 에덴동산에서 지내면서 하나님께서 자라나게 하신 많은 나무 열매를 맛보았습니다. 에덴동산에 있는 각종 나무의 열매들을 맛보았는데 그중에 커피나무가 있었다고 짐작하는 것은 아주 자연스러운 일일 것입니다.

커피의 전설에 따르면 커피는 6세기에 칼디라는 목동에 의해서 발견되었다고 하고, 이것이 본격적으로 음료로 소비된 것은 아랍사람들이 본격적으로 커피를 끓여서 마시기 시작한 15세기 경의 일이었습니다.

커피 열매는 과육이 두껍지 않아서 먹어도 배부르지는 않습니다. 에티오피아의 오모르족은 커피의 과육과 동물의 기름을 섞어서 작은 공 사이즈로 만들어 지니고 다니다가 전투나 사냥 직전에 에너지를 공급하는 용도로 먹었다고 합니다.

에덴동산에서 아담과 하와는 씨앗을 볶아서 마시는 방법은 전혀 몰랐음에 틀림이 없습니다.

하지만 최초의 인간인 그들이 하나님이 창조하신 모든 짐승들의 이름을 지어서 불렀다는 창세기의 기록을 생각할 때, 아마도 그들은 짐승들 뿐만 아니라 각종 식물의 열매들도 맛보고 평가하지 않았을까요?

이쯤 되면 아담과 하와는 최초의 동물학자였고 식물학자였으며, 최초의 커피 테이스터(Coffee Taster)였다고 주장할 수 있을 것입니다.

커피나무는 하나님께서 창조하신 모든 식물들 가운데 가장 향기롭고 신비한 열매를 인류에게 제공해 줍니다. 저는 커피를 마실 때마다 하나님의 창조의 위대함을 묵상합니다.

오늘도 항기로운 커피 한잔을 마시면서 아담과 하와처럼 하나님이 우리 인간들에게 허락하신 깊은 향기를 느끼시면 좋겠습니다.

커피의 조상 &
믿음의 조상

커피의 품종과 그 뿌리

커피는 꼭두서니과에 속하는 코페아(Coffea) 종의 식물입니다. 오늘날 인류가 주로 마시는 커피는 크게 세 가지로 나눌 수 있습니다. 바로 아라비카(Arabica), 로부스타(Robusta), 그리고 리베리카(Liberica)입니다. 이 가운데 아라비카가 세계 커피 유통량의 약 70%를 차지하며 가장 널리 소비되고, 로부스타가 약 30%를, 리베리카는 소수 지역에서만 소비되고 있습니다.

역사적으로 네덜란드 동인도회사는 아라비카를 스리랑카(옛 실론)에 심었으나 녹병과 각종 병충해로 큰 실패를 경험했습니다. 이때 아라비카를 대체할 품종을 찾아 나섰고, 아프리카 콩고 지역에서 발견한 커피가 바로 로부스타입니다. 향미 면에서는 아라비카에 비해 단순하고 쓴맛이 강하지만, 더위와 병충해에 매우 강하여 새로운 대안으로 자리잡았습니다.

그러나 이 모든 계보의 뿌리에는 잘 알려지지 않은 '조상'이 있습니다. 그것이 바로 '코페아 유게니오이데스(Coffea eugenioides)'입니다. 이 종은 작은 열매를 맺고 맛은 화려하지 않지만, 오늘날 우리가 즐기는 아라비카와 로부스타의 근원이 되는 중요한 출발점입니다. 마치 겉으로는 미미해 보이지만, 역사의 흐름을 바꾸는 씨앗과 같은 존재라 할 수 있습니다.

학자들에 따르면 커피의 품종은 120여 종에 이르지만, 실제로 인류가 일상에서 즐기는 것은 30~40개 품종에 불과합니다. 이는 수많은 가지와 뿌리 중에서 인류의 문화와 취향 속에 깊이 뿌리내린 품종이 선택되어 전해져 왔음을 보여줍니다.

이스마엘과 로부스타, 투박한 강인함

유게니오이데스가 다른 종과 만나 새로운 종을 낳은 결과 중 하나가 로부스타입니다. 로부스타는 투박하고 쓴맛이 강하지만, 뜨거운 기후와 각종 병충해 속에서도 꿋꿋하게 자라며 세계 커피 산업의 큰 축을 담당하게 되었습니다.

이 모습은 아브라함의 아들 이스마엘과 닮아 있습니다. 그는 광야에서 자라 거칠고 투박했지만, 그 후손들은 사막의 전사로 강인한 생존력을 발휘했습니다. 역사의 황량한 광야에서 이스마엘의 후손이 살아남았듯, 로부스타 역시 혹독한 환경 속에서도 전 세계 사람들에게 필요한 존재가 되었습니다.

이삭과 아라비카, 부드러운 향기

또 다른 커피 종인, 아라비카는 전 세계 커피의 70% 이상을 차지하며 인류가 가장 사랑하는 품종이 되었습니다. 아라비카는 향기롭고 세련된 맛으로 수많은 문화권에서 커피의 상징이 되었습니다.

아라비카 커피는 아브라함의 아들 이삭을 떠올리게 합니다. 이삭은

온유하고 평화로운 성품으로 기억되며, 그의 삶은 아버지 아브라함의 신앙을 온순하게 이어받은 모습이었습니다. 그의 후손인 야곱과 이스라엘 열두 지파는 각기 다른 개성과 사명을 지녔지만, 모두가 하나님의 약속 안에서 신앙의 계보를 이루었습니다. 이는 아라비카가 다양한 품종으로 뻗어나가면서도 하나의 뿌리에서 출발한 것과 닮아 있습니다.

커피와 신앙의 교차점

커피의 세계와 신앙의 세계는 흥미롭게도 흡사한 면이 있습니다.

- 아브라함 = 유게니오이데스 : 작고 미미한 존재 같지만, 역사의 위대한 출발점이 됨.
- 이스마엘 = 로부스타 : 거칠고 투박했지만, 강인한 생존력으로 시대와 환경을 버팀.
- 이삭 = 아라비카 : 부드럽고 향기롭게 세상을 변화시키며 계보를 이어감.

오늘날 우리가 마시는 커피 한 잔은 단순한 음료가 아니라, 오랜 세월과 역사를 통해 이어져 온 생명의 계보를 담고 있습니다. 믿음의 역사도 마찬가지입니다. 아브라함의 작은 순종이 세대를 넘어 구원의 역사로 이어져, 결국 오늘날 우리의 신앙으로 흘러들어왔습니다.

한 잔의 커피, 한 줄기의 믿음

한 잔의 커피에는 로부스타의 강인함과 아라비카의 부드러움이 함께 녹아 있습니다. 그 속에서 우리는 믿음의 조상 아브라함과 그의 후손들의 이야기를 발견할 수 있습니다.

작은 씨앗 같았던 아브라함의 믿음이 오늘날 우리의 신앙으로 이어진 것처럼, 눈에 잘 띄지 않는 유게니오이데스가 인류의 커피 문화를 꽃피운 조상이 되었습니다.

커피 한 잔 속에도 커피의 조상 유게니오이데스의 유전자가 이어져 오고 있는 것처럼, 성도들에게도 아브라함의 믿음의 유전자가 이어져 왔습니다. 이제 할 수 있는 한 최선을 다해서 우리 다음세대들에게 더 멋진 믿음의 유전자를 물려주면 좋겠습니다.

커피 한 잔에 담긴
창조의 신비

커피 한 잔을 마시며 우리는 종종 그 깊고 풍부한 향미에 감탄하지만, 정작 커피나무가 스스로를 지키기 위해 얼마나 놀라운 생존 전략을 갖고 있는지는 잘 모르고 있습니다. 사실, 커피는 단순한 음료가 아니라 자연의 섭리와 인간의 탐구심이 만들어낸 신비로운 조화의 결과입니다.

1819년, 독일의 화학자 '프리드리히 페르디난트 룽게(Friedrich Ferdinand Runge)'는 커피콩 속에서 신비로운 물질을 발견했습니다. 당시 시인이자 과학 애호가였던 '요한 볼프강 폰 괴테(Goethe)'가 룽게에게 커피의 성분을 연구해 보라고 제안했고, 그는 실험 끝에 '카페인(caffeine)'이라는 물질을 분리해냈습니다. 룽게는 이 물질이 중추신경을 자극하고 졸음을 방지한다는 사실을 밝혀냈고, 이후 수많은 연구를 통해 카페인의 작용 원리가 점차 드러났습니다.

하지만 카페인의 진정한 의미는 인간에게 각성을 주는 데 그치지 않습니다. 커피나무는 자기 자신을 지키기 위해 카페인을 만들어냅니다. 열대 기후의 습하고 따뜻한 환경에서는 다양한 병충해가 기승을 부리는데, 커피나무는 스스로를 방어하기 위해 카페인을 무기로 삼았습니다.

특히, 병충해에 강한 로부스타(Robusta) 커피 품종은 다른 품종보다 카페인을 더 많이 함유하고 있어, 외부의 위협으로부터 비교적 잘 살아

남을 수 있었습니다. 로부스타라는 이름 역시 강인함(strong)이라는 의미에서 유래되었습니다.

반면, 부드럽고 풍미가 깊은 아라비카(Arabica) 커피는 상대적으로 카페인 함량이 적어 해충과 질병에 더 취약하지만, 고산지대에서 세심한 관리 아래에서 더욱 섬세한 맛을 만들어냅니다.

커피 산업의 역사를 들여다보면, 자연의 거대한 도전에 직면했던 순간들이 있었습니다. 17세기 후반, 동인도회사는 커피를 새로운 경제 작물로 삼아 '실론(현재의 스리랑카)'에서 커피 재배를 시작했습니다. 영국 식민 정부는 아라비카 커피를 실론의 고지대에 심었고, 성공적인 수확을 기대했습니다. 그러나 1869년, 모든 기대를 무너뜨린 치명적인 위기가 닥쳤습니다.

커피나무를 초토화시킨 무서운 질병, '커피녹병(coffee leaf rust)'이 실론을 휩쓸었기 때문입니다. 이 곰팡이 병은 커피 잎의 광합성을 방해하며 나무의 성장을 저해해, 결국 농장 전체를 황폐하게 만들었습니다. 1880년대까지 실론의 커피 농장은 대부분 사라졌고, 영국은 커피 대신 차(Tea) 재배로 눈을 돌려 오늘날의 실론티(스리랑카 홍차)의 기틀을 마련하게 됩니다.

그러나 커피에 대한 열정은 멈추지 않았습니다. 커피는 인도네시아를 비롯한 세계 곳곳에서 다시 뿌리를 내렸고, 오늘날까지도 병충해와의 싸움은 계속되고 있습니다. 대표적인 해충 중 하나가 바로 '커피 보러(Coffee Borer Beetle)'입니다. 학명 'Hypothenemus hampei_커피나무좀벌레'로 알려진 이 작은 딱정벌레는 커피 열매 속에 구멍을 뚫고 알을 낳아 번식하며, 커피의 품질과 생산량을 크게 감소시킵니다. 하지만 놀랍게도, '커피 보러'가 싫어하는 나무는 카페인을 많이 함유한 로부스타 커피입니다.

커피나무의 생존 전략을 연구하다 보면, 작은 식물에게까지도 자신을 보호할 수 있는 방어물질을 주신 하나님의 섭리에 감탄하지 않을 수 없습니다. 커피는 단순히 인간에게 각성 효과를 주는 음료가 아니라, 하나님의 창조 질서 속에서 자신의 자리에서 살아가는 한 존재입니다.

우리의 삶도 커피나무와 비슷하지 않을까요? 수많은 도전과 어려움 속에서 스스로를 보호할 수 있는 방법을 찾고, 환경에 적응하며 성장해 나가는 모습이 그렇습니다. 때로는 부드럽고 섬세한 아라비카처럼, 때로는 강인하고 거친 로부스타처럼, 삶의 다양한 맛을 경험하며 우리는 하루하루를 살아갑니다.

커피 한 잔을 마실 때마다, 이 작은 열매가 자연 속에서 얼마나 치열한 생존 과정을 거쳐왔는지를 떠올려 보시기 바랍니다. 그리고 오늘도 우리에게 주어진 하루를 감사하는 마음으로 살아가는 지혜를 얻어보면 어떨까요?

커피는 그 자체로 하나님의 섬세한 계획과 자연의 놀라운 질서를 담고 있는 작은 우주와 같습니다. 우리가 마시는 커피 한 잔 속에는 자연의 신비와 인간의 도전이 담겨 있으며, 그 안에서 삶의 의미를 되새겨 볼 수 있습니다.

허세(虛勢) 커피

커피는 오랜 세월 동안 단순한 음료의 차원을 넘어, 하나의 문화이자 기호, 그리고 취향의 상징으로 자리매김해 왔습니다. 하지만 오늘날 커피를 향한 관심은 그 본질보다 외형, 이미지, 가격, 그리고 희소성에 기울어 있는 듯 보입니다. 최근에 많은 호사가들이 커피 한 잔에 과도한 비용을 지불하며, 그 자체보다 그 '경험'과 '과시'를 소비하고 있습니다. 이러한 현상을 저는 '허세 커피 현상'이라 말하고 싶습니다.

'허세(虛勢)'는 문자 그대로 '실체 없는 기세'를 의미합니다. '虛'는 비어 있음과 거짓됨을, '勢'는 기세와 외형적 힘을 뜻합니다. 즉, 허세란 실제보다 과장되게 자신을 드러내려는 태도이며, 이는 인간 본성 속에 내재된 욕망과 인정욕구가 외양을 통해 표출되는 한 방식이라 할 수 있습니다. 성경은 이러한 태도를 경계합니다. 빌립보서 2장 3절은 "아무 일에든지 다툼이나 허영(kenodoxia)으로 하지 말고…"라고 말합니다. 여기서 헬라어 케노독시아(κενοδοξία)는 'kenos(공허한)'와 'doxa(영광)'의 합성어로, 겉으로는 화려하나 실제로는 공허한 모습, 곧 '허영'을 의미합니다.

이는 오늘날 커피 문화뿐 아니라 사회 전반, 그리고 교회 안에서도 마주하게 되는 모습이기도 합니다.

역사를 돌이켜보면 커피는 일찍부터 허세의 수단으로 소비되어 왔습니다. 17세기 프랑스 궁정에서 커피는 그 낯선 쓴맛으로 호불호가 갈

렸지만, 곧 세련됨과 지성의 상징으로 받아들여졌습니다. 커피를 마시는 행위는 단순한 음료 섭취를 넘어, 지적인 존재로 보이기 위한 문화적 코드로 기능하였고, 20세기 유럽의 문학 살롱에서는 블랙커피 한 잔을 앞에 두고 존재와 허무를 논하는 것이 일종의 깊이 있는 사람의 상징이 되었습니다. 커피는 음료이기 이전에 '허세의 소품'으로 자리잡은 셈입니다.

오늘날 프리미엄 커피 브랜드로 자처하는 바차커피(VACHA Coffee) 역시 전통성과 고급스러움을 강조하는 대표적인 사례입니다. 매장 입구에는 "Est. 1910"이라는 문구가 자리하고 있고, 인테리어는 고풍스러운 유럽의 궁전을 연상시키며, 유니폼을 입은 직원들은 커피를 일종의 예술작품처럼 대접합니다. 그러나 실제로 본점인 싱가포르 매장의 개점은 2019년이며, '1910'은 과거 모로코의 수입업체 설립 연도를 차용한 감성 마케팅의 결과입니다. 소비자들은 마치 100년 넘는 전통을 가진 브랜드라고 믿고 경험을 구매하지만, 실상은 이미지가 역사보다 앞선 소비의 한 단면입니다. 마치 화려한 포장지 안에 빈 상자가 들어 있는 것처럼, 본질보다 허울이 앞서는 모습은 어쩌면 오늘날 우리 삶 전반에 퍼져 있는 하나의 현상일지도 모릅니다.

이러한 허세의 문화는 교회 안에서도 조용히 뿌리내리고 있습니다. 세속적 기준이 교회 안으로 스며들면서, 신앙마저도 외적인 형식과 보여주기식 봉사로 변질되어 가고 있는 것이 사실입니다. 교회는 그 내면의 깊이보다 건물의 화려함과 크기로 평가되고, 예배는 진실한 마음으로 드리기보다 공연처럼 연출되기도 하며, 기도는 진실이 없는 겉보기식 화려함으로 꾸며지고, 직분은 섬김이 아닌 권위의 상징처럼 소비되기도 합니다. 이런 모습들은 어쩌면 '영적 허세'일지 모릅니다.

예수께서는 외식하는 자들을 향해 "사람에게 보이려고 그 행위를 하느니라"라며, 회칠한 무덤과 같다고 꾸짖으셨습니다. 교회는 세상과 구별된 공동체이지만, 때로는 세상보다 더 깊은 허세의 늪에 빠질 수 있기에, 그럴수록 우리는 본질로 돌아가야 합니다. 예수 그리스도의 복음으로 말입니다.

어떤 커피가 가장 맛있는 커피일까요? 값비싼 도자기 잔에 담긴 비싼 커피가 아니라, 누군가 건네준 따뜻한 마음이 담긴 믹스커피 한 잔이 더 깊은 위로가 되기도 합니다.

문학가 헨리 데이비드 소로우는 "내가 진정 맛본 것은 커피의 향이 아니라, 그것을 건네준 친구의 따뜻한 눈빛이었다"고 말했습니다.

커피는 어떻게 보면 결국 관계를 소비하는 행위입니다. 커피는 혼자 마시는 것보다 함께 마시는 음료이기 때문입니다. 그러나 그 관계가 진실한가, 아니면 형식적인가를 가늠하는 기준은 '커피의 가격이 얼마나 비싼가?'가 아니라 관계의 깊이에 있습니다. 진짜 아름다운 추억은 가격이 비싼 것 때문이 아니라, 깊고 따뜻했기 때문에 기억되는 것입니다.

허세커피는 결국 감동을 줄 수 없고 공허함만 주게 될 것입니다. 하지만 마음을 담은 진실된 커피의 가치는 두고두고 사람들의 마음을 위로하고 삶 속에 아름다운 향기를 전하게 될 것입니다.

커피의 꽃말과
성령의 임재

"I Always Be With You"

커피는 어디서 왔을까요?

이 향기로운 커피는 약 5세기경, 아프리카 대륙의 에티오피아 고원에서 시작되었습니다. '칼디'라는 목동이 갑자기 흥분하는 염소들을 보고 신기하게 여겼던 열매가 커피였다고 합니다. 이것이 오늘날 세계적인 음료가 되리라고 상상한 사람은 없었을 것입니다.

커피는 '과육'이 아니라 씨앗인 '생두'를 볶아서 끓여 마시는 방식으로 발전했습니다. 커피는 예멘을 거쳐 사우디아라비아 메카에 도달하면서 큰 전환점을 맞이합니다. 이슬람 성지였던 메카에서 커피는 순례자들의 졸음을 쫓는 신비한 음료로 알려졌고, 곧 아랍인들의 종교적 음료가 되어 많은 사랑을 받았습니다.

흥미로운 사실은, 당시 아랍인들은 커피 씨앗의 외부 반출을 엄격히 금지했다는 것입니다. 커피의 '전매권 보호' 수준이 아니라 거의 국가기밀 수준이었고, 이를 어기면 극형에 처할 수도 있었다고 하니, 오늘날처럼 자유롭게 커피를 마실 수 있다는 것은 정말 대단한 일이라고 할 수 있습니다.

그러던 중 전설적인 인물이 등장합니다. '바바 부단(Baba Budan)'이라고 알려진 한 사람이 인도에서 메카로 순례를 갔다가 커피의 맛에 반해, 몰래 옷깃 안에 커피 생두 7알을 숨긴 채로 귀국합니다. 그 씨앗은 인도 마이소르(Mysore) 지역에 심겨졌고, 이것이 역사상 최초의 커피 유출 사례로 기록되는데, 이때가 17세기 무렵의 일입니다.

그 후 커피는 유럽 열강의 관심을 받으며 네덜란드를 거쳐 인도네시아, 남미, 중미까지 퍼져 나갔습니다. 그런데 여기서 아이러니한 일이 발생합니다. 커피를 재배하던 인도네시아 사람들은 커피를 수확해도, 정작 그들은 커피를 마시지 못했습니다. 왜냐하면 식민지배자들 중 하나인 '동인도회사'가 전량 공출해 버렸기 때문입니다.

농사를 지은 농민들은 커피의 맛이 궁금했기 때문에 어떻게든 마셔 보고 싶어서 족제비과 동물인 '사향고양이(Luwak)'가 먹고 배설한 커피 씨앗을 수거해서 씻고 볶아 마시기 시작했다고 합니다. 그것이 '루왁 커피'가 탄생한 배경입니다.

이 커피는 처음엔 농장을 방문한 손님들에게 대접하는 수준이었지만 1991년, 당시 영국 런던에 본사를 둔 '테일러스 오브 해로게이트(Taylors of Harrogate)'라는 커피 회사의 마케팅 책임자에 의하여 전 세계에 알려졌습니다. 그는 루왁 커피에 대한 이야기를 듣고 소량을 수입하여 영국 시장에 소개했는데, 이것이 언론에 소개되면서 서구 사회에 처음으로 본격적인 주목을 받게 했습니다.

커피는 처음에는 몇몇 계층만 누리던 특권의 음료였습니다. 이슬람권, 귀족, 유럽 상류층에게만 허락된 음료였던 것입니다. 하지만 시간이 흐르면서 커피는 유럽 전역으로 퍼졌고, 산업혁명과 함께 일반 대중의 식탁에 오르게 되었습니다. 그리고 이제는 누구나 어디서나, 원하는 방식으로 마실 수 있는 음료가 되었습니다.

커피의 가장 놀라운 특징은 바로 이 보편성입니다. 누구는 에스프레소를 마시고, 누구는 드립 커피를 마시고, 또 누구는 믹스커피를 사랑합니다. 술 문화에는 주도(酒道라)는 것이 있고 위아래가 있지만, 커피에는 위아래가 없습니다.

사장이 직접 믹스커피를 타서 직원들과 함께 마실 수도 있고, 담임목사가 직접 커피를 내려서 교인과 함께 커피를 나누며 마실 수도 있는 것입니다. 커피는 누구든 함께 나눌 수 있는 음료이자 대화의 문을 여는 상징이 된 것입니다. 그런 의미에서 커피는 단순한 기호식품이 아니라 하나의 철학이라고 할 수 있습니다. 커피의 꽃말은 아시아권을 중심으로 이렇게 알려졌습니다.

"I always be with you."

"내가 언제나 당신과 함께 할게요."

커피꽃은 아주 작고 하얗습니다. 향은 재스민처럼 은은하며, 피는 시간은 단 하루뿐입니다. 너무도 짧은 생애지만, 그 안에 담긴 메시지는 놀랍도록 따뜻합니다.

예수께서는 승천하시면서 제자들에게 이렇게 말씀하셨습니다.

"볼지어다, 내가 세상 끝날까지 너희와 항상 함께 있으리라."(마태복음 28:20)

그리고 주님은 우리에게 약속대로 성령을 보내주셨습니다. 성령의 또 다른 이름은 '보혜사'인데, 헬라어로 '파라클레토스'라고 합니다. 그 뜻은 '곁에 계시는 분', '위로자', '도우시는 분'입니다.

저는 커피 꽃을 보며 우리와 항상 함께하시는 성령 하나님의 임재를 떠올렸습니다. 눈에 보이지 않아도 곁에 계시고, 말하지 않아도 마음을 어루만지시는 분. 그분은 우리와 항상 함께 하시며 우리가 낙심하고 지쳐 있을 때 이렇게 말씀하십니다.

"두려워하지 말아라~ 내가 항상 너와 함께 있잖니?"

향기로운 커피 한 잔을 마시면서, 성령 하나님께서 오늘도 우리 곁에 계시는 성령님을 묵상하고 그분과 동행하는 하루 되시기를 바랍니다.

'츤데레'와
'더치커피'

‘츤데레(ツンデレ)’라는 단어는 일본에서 탄생했습니다. 차갑고 퉁명스러운 태도를 뜻하는 ‘츤츤(ツンツン)’과, 부드럽고 애정 어린 모습을 나타내는 ‘데레데레(デレデレ)’가 합쳐진 말입니다. 겉으로는 무심하고 시큰둥하게 대하지만, 속마음은 누구보다 따뜻하고 세심한 것입니다. 처음에는 서먹하고 거리를 두는 듯해도, 시간이 지날수록 묵묵히 곁을 지키며 챙겨주는 그 반전의 매력, 이것이 ‘츤데레’의 진정한 힘입니다.

　커피의 세계에서 츤데레의 성격을 가진 추출법은 ‘더치커피’ 방식입니다. ‘더치커피(Dutch Coffee)’는 ‘Dutch’라는 이름 때문에 네덜란드에서 시작된 커피라고 생각하기 쉽지만, 실제로는 일본에서 발전된 방식입니다. 에도 시대, 일본이 서양 문물을 받아들이던 유일한 통로가 네덜란드 상인이었기에 ‘더치’라는 이름이 붙었다는 설이 전해지고 있습니다. 더치커피 추출법은 뜨거운 물로 단숨에 우려내는 일반 커피와 달리, 차가운 물이 3초 간격으로 톡, 톡 떨어지며 수 시간에 걸쳐 서서히 커피를 우려내는 방식입니다. 그 과정은 마치 쉽게 마음을 열지 않는 이가, 오래 지켜본 후에야 조금씩 속내를 내어주는 모습과 닮았습니다.

　한국인의 정서를 이야기할 때 빠질 수 없는 단어가 바로 ‘정(情)’입니다. 사랑은 순간적으로 불타오를 수 있지만, 정은 오랜 시간 곁을 지키며 삶을 나누는 가운데 차곡차곡 쌓이는 감정입니다. ‘미운 정, 고운

정'이라는 말이 있듯, 기쁠 때만이 아니라 서운함과 갈등을 겪으면서도 관계를 놓지 않을 때 비로소 정이 깊어집니다. 더치커피가 차가운 물로도 묵묵히 내려져 깊은 맛을 내듯, 정 또한 서두름 없이 꾸준히 쌓일 때 진가를 발휘합니다.

교회 공동체의 관계도 이와 닮았습니다. 어떤 만남은 뜨겁게 시작되기도 하지만, 많은 경우는 마치 '츤데레'처럼 조심스럽고 천천히 다가갑니다. 처음에는 무심해 보였던 성도였는데 어느새 그 속에 이미 깊이 내려진 '정'이 깃들어 있는 것을 발견하게 됩니다. 더치커피가 일정한 속도로 물방울을 떨어뜨리며 그윽함을 만들어내듯, 성도 간의 관계에도 규칙적이고 지속적인 관심과 돌봄이 필요합니다.

우리는 종종 뜨겁고 강렬한 사랑만을 사랑이라고 생각하지만, 하나님께서 기뻐하시는 관계는 오래 두고 가꾸어 가는 정성 속에 있습니다. '츤데레'의 무심한 듯 다정한 배려, 더치커피의 느리지만 깊은 추출, 그리고 세월 속에 스며드는 정, 이 셋은 서로 닮았습니다.

정은 성급하게 얻어지는 것이 아니라, 기다림과 꾸준함 속에서만 피어나는 귀한 열매입니다. 그러니 오늘도 교회 안팎에서 만나는 사람들에게, 비록 표현이 서툴더라도 꾸준히 물방울을 떨어뜨리듯 마음을 전해보면 어떨까요?

역사의 아이러니,
베트남 커피

베트남의 다낭(Đà Nẵng)과 호이안(Hội An)은 최근 한국인들에게 사랑받는 인기 여행지 중 하나입니다. 베트남식 쌀국수와 볶음밥이 입맛을 돋우고, 달콤한 연유 커피가 오감을 자극하는 이 나라의 대표적인 커피 문화에 대해 살펴보고자 합니다.

베트남은 우리나라가 과거 군대를 파병하여 전투를 벌였던 나라로, 근현대사 속에서 한국과 깊이 얽힌 역사를 지닌 국가입니다. 한국군의 참전과 그로 인한 전쟁의 상처를 가지고 있음에도, 대한민국에 대해 특별히 적대적인 감정을 드러내지 않는 베트남의 모습에서 과거의 아픔보다는 현재의 이익을 중시하는 이들의 민족성에 새삼 놀라움을 금할 수 없습니다.

베트남은 대한민국과 수교를 맺은 이후 다양한 분야에서 활발한 교류를 이어오고 있습니다. 특히 국제결혼을 통해 수많은 베트남 여성들이 한국으로 이주하여 생활하고 있으며, 이를 통해 양국 간의 심리적 거리가 한층 가까워졌습니다. 경제적으로도 교역 규모가 지속적으로 증가하여, 2016년 기준 양국 간 교역액은 451억 달러에 이르렀으며, 대한민국은 2014년부터 베트남의 3대 교역국이자 최대 투자국으로 자리 잡았습니다.

최근에는 베트남 커피가 한국의 커피 애호가들에게도 큰 인기를 끌고 있습니다. 베트남은 자국의 대표적인 인스턴트 커피를 적극적으로 마케팅하고 있으며, 이에 익숙해진 커피 마니아들이 점점 늘어나고 있는 추세입니다.

베트남 커피의 역사

베트남은 100여 년의 커피 역사를 자랑하지만, 최근 들어 커피 생산 및 수출에 있어서 급성장을 이루고 있습니다. 2016년 기준 베트남은 세계 제2의 커피 생산국(연간 2,750만 포대, 전체 생산량의 19.8%)이며, 로부스타(Robusta) 커피의 최대 수출국입니다. 커피 산업은 국가 경제의 주요 부분을 차지할 정도로 성장하였으며, 이 나라에서는 커피에 대한 자부심이 곳곳에서 느껴집니다.

그러나 베트남 커피의 기원은 그들의 가슴 아픈 '식민역사'와 맞닿아 있습니다.

1771년, 베트남 최초의 농민반란 이후 베트남 남부의 '응우옌' 가문과 북부의 '쩐' 가문이 몰락하였습니다. 1792년, 응우옌 가문의 마지막 생존자인 '응우옌 안'이 프랑스의 서구식 군대를 등에 업고 정적들을 제거하며 베트남의 마지막 왕조를 세우고 황제가 되었습니다. 그러나 그는 왕권을 수립한 후, 자신을 도왔던 프랑스를 비롯한 외세에 특별한 보답을 하지 않았고, 오직 선교 활동만을 허용하였습니다. 서구 문물을 받아들이는 데에는 보수적인 태도를 유지하였습니다.

그의 뒤를 이은 '민망' 황제는 더욱 폐쇄적인 정책을 펼치며 선교사 추방령을 내렸고, 이는 불만을 품은 농민들의 반란을 촉발시키는 계기가 되었습니다. 이를 알게 된 민망 황제는 크게 분노하여, 1833년 10

월 17일 프랑스 선교사 '르 베랭 프랑수아 가를랭'을 처형하였으며, 개종한 베트남 신자들과 유럽 선교사들도 연이어 처형하였습니다.

이 사건을 빌미로 프랑스 군대는 1858년 다낭에 상륙하여 여러 요충지를 점령하였고, 1862년에는 사이공을, 1873년에는 남부 전 지역을 차지하며 베트남을 식민지로 삼았습니다. 그 결과 베트남은 19세기 말부터 제2차 세계대전 종전까지 약 60년간 프랑스의 식민지배를 받게 되었습니다.

이 식민통치 기간에 프랑스 신부들이 베트남의 토양에 커피나무를 심었으며, 베트남의 기후와 토양이 커피 재배에 적합했던 덕분에 커피 농업이 자리 잡게 되었습니다. 그리고 현재, 베트남은 세계 1위의 로부스타 커피 생산 및 수출국으로 성장하였습니다.

역사의 아이러니라고 할 수 있는 부분은, 식민지 시절에 심어진 커피나무가 현재 베트남 경제의 중요한 기반산업으로 자리 잡았다는 점입니다. 그러나 아쉽게도 베트남 커피는 생산 규모에서는 세계적인 수준에 도달했지만, 소비자를 대상으로 한 커피산업에서는 여전히 경영 마인드와 기술, 세련미가 부족한 초기 단계에 머물러 있습니다.

베트남 커피 문화와 연유 커피(Cà phê sữa đá)

필자가 베트남의 고도(古都)인 호이안을 방문했을 때, 커피의 나라답게 그 작은 도시 곳곳에 커피 전문점이 자리 잡고 있었습니다. '팜 카페(Farm Cafe)'나 '로스팅 카페(Roasting Cafe)'라는 간판이 많았지만, 정작 커피 로스팅 기계를 찾아보기 어려웠으며, 커피의 맛도 기대에 미치지 못한 곳이 많았습니다. 이는 베트남뿐만 아니라 세계적으로 유명한 커피 산지를 방문하더라도 실력 있는 카페를 찾기가 쉽지 않다는 점과 맥락을 같이합니다.

베트남에서 관광객들에게 인기 있는 커피 상품 중 하나는 '족제비 똥 커피'로 알려진 '위즐(Weasel) 커피'입니다. 베트남을 방문하는 많은 관광객이 이 커피를 기념품으로 구입하지만, 시중에서 판매되는 커피가 진짜 위즐 커피인지, 그리고 언제 로스팅되었는지 확인하기 어려운 경우가 많습니다.

호이안의 한 프랜차이즈 카페에서는 원두를 두 봉지 사면 한 봉지를 추가로 주겠다고 권유하기도 했습니다. 필자가 구입한 커피 원두는 350g 한 봉지에 약 7,000원이었으며, 포장지 전면에는 커다랗게 "100% 로부스타 커피(Robusta Coffee)"라고 인쇄되어 있었습니다. 직원들은 '로부스타 커피'를 매우 자랑스러워하는 듯 보였습니다.

베트남인들은 커피를 매우 강하고 진하게 볶습니다. 로부스타 커피 자체가 쓴맛이 강한데, 이를 더욱 쓴맛이 나도록 볶기 때문에 일반적인 아메리카노처럼 마시면 상당히 쓰게 느껴집니다. 그래서 베트남에서는 커피에 연유를 넣어 마시는 문화가 발달하였고, 이를 '카페 쓰어다(Cà phê sữa đá, 연유를 넣은 아이스 밀크커피)'라고 합니다. 베트남에서는 더운 기후로 인해 우유 대신 보존성이 좋은 연유를 사용하게 된 것이 그 시작이라고 합니다.

프랑스의 '카페 오레(Café au lait)'가 베트남식으로 변형된 것이 아닐까 하는 추측도 해볼 수 있습니다. 연유의 달콤함 덕분에 처음에는 부드럽고 맛있게 느껴지지만, 계속 마시다 보면 로부스타 커피의 강한 쓴맛이 다시금 혀끝을 자극합니다.

　이러한 맛의 대비는 마치 베트남이 경제적 성장의 달콤함에 취하면서도, 역사 속에서 경험한 쓰라린 기억을 결코 잊지 말아야 함을 상기시키는 듯합니다. 과거 수많은 외세의 침략을 받았음에도 결코 정신을 지배당하지 않은 강인한 베트남 민족의 정신은, 과거의 원한에 매여 있기보다는 현재의 실리를 추구하되, 결코 역사를 잊지 않는 그들의 민족성에서 비롯된 것이 아닐까 생각해 봅니다.

　베트남 커피 '카페 쓰어 다' 속에서, 베트남의 과거와 현재, 그리고 미래를 봅니다.

PART 2

난 이래서
커피가 좋다

이렇게 멋진
섬김이 커피라니

원제: Father of His Country?

발행일자: Monday, Oct. 16, 1950

1950년 10월 16일 자 미국 'TIME'지의 표지 인물은 이승만 대통령이었습니다. 기사에는 이승만 대통령에 대한 자세한 기록이 실려 있습니다. 예를 들면 6.25 전쟁이 일어나서 피신했던 그가 다시 집으로 돌아왔을 때는 이미 모든 살림살이가 다 사라지고 난 이후였는데, 프란체스카 여사의 외투도 러시아 군인들이 모두 훔쳐 가 버린 후여서 한동안 추위에 떨어야 했다고 하는 내용이었습니다. 또 기사에는 이런 내용도 있습니다.

"이승만은 아침에 일어나서 잠시 정원을 거니는 것으로 하루를 시작했다. 아침식사는 주로 '커피', '과일주스', '시리얼', '계란' 등으로 된 서양식으로 했다."

그가 커피를 얼마나 좋아했는지는 자세히 남아있지는 않지만, 매일 아침 커피를 마셨던 것만은 분명합니다.

술은 위아래가 있습니다. 젊은이가 어른과 함께 술을 마시게 될 때는 어른이 따라주는 술은 두 손으로 받들어 받고 고개를 돌려서 마셔야 합니다. 간혹 커피를 배우는 제자 중에는 커피를 자신도 모르게 두 손으로 받들어 받고, 술을 마시는 것처럼 고개를 돌려서 마시는 사람들도 있어서 한바탕 웃었던 일이 있었습니다.

술도 차도 위아래가 있지만, 커피는 없습니다. 그런 점에서 커피는 대단히 자유롭습니다. 커피는 어른이 내려서 아랫사람에게 줄 수도 있고, 젊은 사람들이 커피를 내려 윗사람에게 대접할 수도 있습니다. 그뿐 아니라 커피는 마실 때 다도처럼 예법도 따로 없습니다. 그냥 누구나 편안하고 자유롭게 대화를 나누며 마실 수 있는 것입니다.

과거 우리나라에는 회사마다 나쁜 문화가 있었습니다. 회사에 출근하면 아침마다 여직원이 커피를 타서 직원들에게 돌리는 것이 일이었습니다. 오죽하면 "내가 커피 타러 회사에 출근했냐?"라는 탄식이 나올 정도였습니다. 아무리 좋은 학벌을 가졌어도 여성은 커피를 타야 했고 이 문제에서는 양보가 없었습니다.

우리나라는 오랜 유교 전통으로 인해서 위아래 문화가 특히 심했습니다. 남존여비 사상이 사라진 것은 그리 오래된 일이 아닙니다. 오래도록 숨 막히던 관습이 철폐된 것은 개신교가 전파되고 난 이후였습니다. 이전까지만 해도 사농공상의 엄격한 신분제도 아래 고통을 겪었던 사람들은 자녀들을 학교에 보낼 엄두도 내지 못했습니다. 특히 여성들이 공부한다는 것은 꿈도 꾸지 못할 일이었습니다. 하지만 초기 선교사들의 도움으로 인간다운 대접을 받으며 자란 젊은 사람 중 몇 명은 독립운동가가 되어 나라와 민족을 위해 헌신했으며, 몇 명은 선교사들의 도움으로 미국으로 유학을 떠나 공부하며 선진문물을 경험했습니다. 그들은 훗날 무너진 나라를 세우는 인물들로 성장할 수 있었습니다.

대한민국 초대 대통령인 이승만은 '배재학교'와 '감리교선교학교'를 다니며 영어를 배웠고 미국으로 가서 공부했습니다. 그리고 미주한인들을 중심으로 일본제국주의에 항거해 독립운동을 주도했습니다. 신여성 박인덕은 이화학당을 다니다가 선교사의 도움으로 미국에 가서 공부했는데 후에 미국대륙을 다니며 강연으로 조선의 현실을 알리고 식민지 조국을 교육으로 다시 일으켜 세우려고 했습니다. 그들은 멀리 타향에 가서 자유민주주의를 배웠습니다. 그리고 조국에 돌아와서 민족을 섬기며 헌신했습니다.

커피에는 중요한 정신이 있습니다. 그것은 섬김입니다. 커피를 사랑하는 사람들은 한 잔의 맛있는 커피를 만들어서 다른 사람에게 대접하는 기쁨이 있습니다. 대접받는 것이 아니라 대접하려 합니다. 회사 대표가, 심지어 대통령이라고 해도 커피를 맛있게 내리는 방법을 안다면, 직접 만들어서 부하직원들에게 대접하는 것이 부끄러운 일이 아니라 자연스러운 일입니다. 예수께서는 이렇게 말씀하셨습니다. "남에게 대접을 받고자 하는 대로 너희도 남을 대접하라"(눅 6:31)

오늘 누군가에게 커피 한 잔을 섬기는 마음으로 대접하시면 좋을 것 같습니다.

커피는 섬김입니다.

커피, 그 기막힌
소통의 테이블

미국에서도 새로운 대통령과 부통령을 선출하는 선거철이 있습니다. 누가 대통령이 되느냐에 따라 한반도의 정책이 달라지고 온 세계가 커다란 격랑 속에 휩싸이게 될 수도 있기 때문에 선거는 늘 초미의 관심을 끌고 있습니다.

우리 감리교회도 지난해 10월에 감리교회 감독회장과 각 연회 감독을 뽑는 선거를 진행했고 새로운 감독회장과 각 연회 감독이 취임하였습니다.

선거는 언제나 엄청난 긴장과 갈등을 만들어냅니다. 저마다 이기려고 선거에 뛰어들기 때문입니다. 선거에 이기기 위해서 때로는 상대방을 비방하기도 하고 금권선거를 하기도 합니다.

선거는 민주주의의 꽃입니다. 선거를 통해서 새로운 시대를 열 수도 있고 구체제가 계속해서 이어질 수 있습니다. 그래서 아무리 힘들고 어려운 과정이 있다 하여도 선거를 포기할 수는 없습니다.

17세기 유럽에서 커피하우스가 처음 등장했을 때, 그것은 단순히 커피를 마시는 공간이 아니었습니다.

커피하우스는 당시 일반 대중이 모여 정치적, 사회적 이슈를 논의하는 장소였습니다. 영국의 커피하우스는 '1페니 대학'(1penny university)이라고 불리기도 했는데, 단돈 1페니만 내면 커피를 마시며 다양한 주제에 대해 논의할 수 있었기 때문입니다. 이런 공간은 자연스럽게 민주주의의 발달에 기여했습니다. 사람들이 자유롭게 토론하고 의견을 나눌 수 있는 공적 공간은 정치적 의사결정에 대한 참여 의식을 높였고, 이는 곧 선거와 같은 민주적 제도가 자리 잡는 기반이 되었습니다.

2008년 미국 대선에서 민주당의 '버락 오바마'와 공화당의 '존 매케인'이 후보로 나왔을 때, '스타벅스'는 투표를 마친 고객에게 무료로 커피를 제공했습니다. 하지만 이 캠페인은 투표 참여에 대한 금전적 또는 물질적 보상을 제공하는 것을 불법으로 간주한다는 미국 법에 따라 투표 여부에 상관없이 모든 고객에게 무료로 커피를 제공하는 방식으로 변경되기도 했습니다.

'스타벅스'는 이후에도 선거 시즌마다 투표 참여를 장려하는 활동을 이어가고 있습니다. 예를 들어, 선거 전날 고객들에게 투표의 중요성을 알리는 메시지를 담은 컵 홀더를 제공하거나, 선거 당일에는 할인 혜택을 제공하는 등의 방식을 통해 사람들의 선거 참여를 독려하고 있습니다.

또 하나 미국에서는 "커피와 함께하는 대화"(Coffee with Candidates)라는 이벤트가 선거철마다 자주 열리며, 후보자들이 커피숍에서 지역 주민들과 직접 만나 의견을 나누고 공약을 설명하는 자리를 가지기도 합니다.

일본의 일부 커피숍에서도 정치적 견해 차이가 갈등으로 번지지 않도록 건전한 토론 문화를 형성하기 위해 '토크 어바웃 정치'라는 프로그램을 통해 특정 시간대에 정치적 이슈에 대해 대화할 수 있는 자리를 제공하기도 합니다.

최근 우리나라에서는 SNS에서 '#커피와 선거' 같은 해시태그를 달고 사진을 공유하는 캠페인이 등장하기도 했습니다.

이렇게 커피는 단순한 음료 그 이상의 역할을 하고 있으며, 선거와 같은 정치적 과정에서도 중요한 매개체로 작용하고 있습니다. 커피와 함께하는 대화는 민주주의의 핵심인 소통과 참여를 실현하는데 기여하며, 사람들에게 정치와 사회에 대한 관심을 환기시키는 중요한 계기가 됩니다.

비싼 음식을 먹지 않아도 카페에서 커피 한잔을 마시며 진지하게 정책을 듣고 고민하는 자리, 진정한 교회의 미래를 위해 지도자를 선출하는 미래를 결정하는 문화와 풍토가 생겨났으면 좋겠습니다.

지금 싸우셨습니까?
그렇다면 커피 한 잔

루트비히 판 베토벤(Ludwig van Beethoven)은 1770년 독일의 본(Bonn)에서 태어났습니다. 그는 아버지 요한 판 베토벤으로부터 음악교육을 받았는데 이 시기부터 뛰어난 작곡 실력을 선보이며 재능을 인정받았다고 합니다. 그는 오스트리아 빈에서 주로 궁중 음악가로 활동했습니다. 그는 당시의 다른 음악가들처럼 커피를 무척 좋아했다고 알려져 있습니다. 당시에 커피는 매우 귀하고 비쌌지만, 대부분의 음악가들은 커피를 즐겨 마셨습니다. 왜냐하면 커피는 매우 훌륭한 영감을 준다고 알려졌기 때문입니다. 베토벤은 커피를 내려 마시기 전에 항상 커피콩 60알을 세어 내려 마셨다고 합니다. 이것은 그의 완벽주의에 가까운 성격을 보여주고 있지만, 사실 60알의 커피콩은 한잔의 커피를 내려 마시기에 가장 완벽한 분량이기도 합니다.

　그와 동시대에 음악을 했던 사람들 중에는 안토니오 살리에리(Antonio Salieri), 요한 네포무크 훔멜(Johann Nepomuk Hummel), 이그나츠 슈판치히(Ignaz Schuppanzigh), 프리드리히 칼크브레너(Friedrich Kalkbrenner) 같은 음악가들이 있었는데 베토벤은 그들과 음악적인 견해가 달라서 다투기도 하고 수시로 갈등을 겪기도 했다고 합니다. 그들의 음악은 대중에 의해서 비교의 대상이 되기도 했고 경쟁관계에 있기도 했기 때문에, 그들은 더욱 서로 날카롭게 상대방의 음악에 대해서 비판을 하곤 했습니다.

　어느 날 음악가 한 사람이 베토벤을 찾아왔습니다. 한참을 음악에 대해서 의견을 나누던 그들은 급기야 크게 다투면서 찾아온 손님이 자리를 박차고 일어났습니다. 그리고 화를 내며 문밖으로 나가던 그 사람을 베토벤이 큰 소리로 불러세웠습니다. "이보게, 갈 때 가더라도 커피 한 잔 마시고 가게나~"

서로 의견이 다를 수 있습니다. 감정이 상할 수도 있습니다. 살다 보면 갈등이 생겨날 수도 있습니다. 하지만 그것이 큰 싸움으로 번지는 것은 결국 인격의 문제입니다. 문제와 갈등을 해결할 수 없을 정도로 나약함이 문제입니다. 무엇보다 사랑이 없고 믿음이 부족한 것이 싸움의 원인입니다.

오늘날 교회 안에서도 수많은 갈등과 다툼이 있습니다. 최근 성남의 어떤 교회에서는 교인들끼리 치고받는 일이 있어서 뉴스에 크게 보도가 되기도 했습니다. 안타까운 일입니다. 교회 안에서 일어나는 이런 다툼의 소식이 세상 밖으로 전해질 때 복음의 영향력이 약해질 수밖에 없습니다. 전도는 더욱 힘들어집니다.

커피는 아주 중요한 소통의 도구입니다. 커피 속에 들어있는 카페인은 행복호르몬인 세로토닌의 증가에 영향을 미친다는 연구보고도 있습니다. 함께 커피를 마시다 보면 오해도 풀리고 갈등도 해소될 수도 있습니다. 베토벤은 그의 완벽주의적인 성격 때문에 다른 음악가들과 갈등을 겪기는 했지만, 커피를 통해 다시 관계를 회복하는 지혜가 있었습니다.

나와 다투고 갈등 관계에 있는 사람들, 그들과 오해가 더 깊어지기 전에 빠르게 풀어야 합니다. 쉽게 풀리지는 않겠지만 시도는 해봐야 하지 않겠습니까?

오늘이라도 당장 그 사람에게 전화를 해보세요. 그리고 이렇게 말씀해보세요.

"커피 한잔 할래요?"

얼죽아

온라인상에서 인기 있는 '얼죽아' 짤 / 온라인 커뮤니티

얼죽아_ 얼어 죽어도 아이스 아메리카노

"아니!! 얼죽아라니?"

이건 정말 한국인들만의 독특한 음료 사랑이 아닐 수 없습니다. 추운 겨울바람이 쌩쌩 불어도, 손에 쥔 아이스 아메리카노를 포기하지 않는 모습을 보면, 외국인들은 "아니!! 대체 왜?" 하고 고개를 갸웃거릴 만도 합니다.

사실 해외에 나가보면 음료를 꼭 차갑게 마시지 않는 문화에 직면하게 됩니다. 스페인 맥도날드 매장에서 콜라를 시켰다가 얼음을 달라고 하면 직원이 눈을 동그랗게 뜨고 쳐다보는가 하면, 중국 어딘가에서는 콜라를 끓여서 마신다는 얘기도 들립니다. 이렇게 세계가 넓고, 각 나라 음료 문화가 제각각이라 "얼음은 필수"라는 우리의 상식도 상대적이라는 걸 알게 됩니다.

그렇다면 왜 한국인들은 군이 한겨울에도 아이스 커피를 고집할까요? 어떤 이들은 한국인의 독특한 문화적·심리적 현상인 '화병(Hwabyeo-ng)'을 그 원인 중 하나로 꼽습니다. 화병은 억눌린 분노와 스트레스가 쌓여 생긴다고 알려져 있는데, 미국정신의학협회(APA)의 DSM-IV에 문화적 증후군으로까지 올라갔을 정도니, 이게 단순한 농담거리는 아닌 셈입니다. 이런 숨 막히는 스트레스 상황 속에서 차가운 음료를 마시는 행위는 마치 마음속 화기를 식히는 일종의 쿨다운(cool-down) 같은 역할을 하는 것일 수도 있습니다.

물론, 차가운 음료가 건강이나 위에 직접적으로 해롭다는 명확한 의학적 근거를 바로 내놓기는 어렵습니다. "속을 차갑게 만드는 음료는 소화에 부담을 줄 수 있다"는 말도 있지만, 이는 개인차가 크고 직접적인 질병과의 연관성도 아직 분명하지 않습니다.

다만, 맵고 짠 음식 문화, 스트레스 가득한 생활, 그리고 얼음 가득한 음료까지 두루두루 생각해 볼 때, 음식 문화와 건강의 복합적 관계에 대해서는 좀 더 신중히 접근할 필요가 있다는 정도로 정리해볼 수 있겠습니다.

어찌 되었건, 얼죽아를 고집하는 한국인의 모습은 단순한 기호를 넘어, 우리 문화 속 깊숙이 뿌리내린 정서적·심리적 배경을 드러내는 하나의 상징인지도 모릅니다. 얼음 둥둥 뜬 커피 한 잔이 "이 답답한 세상, 마음이라도 시원하게 식혀보자."라는 무언의 표현일 수 있는 것입니다. 결국 이 얼죽아 문화는 그저 추위를 이기고, 커피를 시원하게 마신다는 것 이상의 의미를 담고 있는 셈입니다.

지금 혹시 울화(鬱火)통이 터질 정도로 화가 나 있으신가요? 그렇다면 아이스 아메리카노 한 잔을 권합니다. 화를 내면 판단력이 흐려질 수 있습니다. 화가 나 있다면 결정을 미루어야 합니다. 차가운 커피 한 잔을 마시고 화를 좀 가라앉히고 정신을 차려서 차근차근 문제를 해결해 나갈 방법을 찾아야 합니다.

지금은 어느 때보다도 냉정하게 상황을 판단하며 기도하며 행동해야 할 때입니다.

추운 날씨에 길거리를 거닐다가 너무 추워서 몸을 녹일 요량으로 카페에 들어갔습니다.

그리고 카운터에 대고 이렇게 주문했습니다.

"아이스 아메리카노 한 잔 주세요~"

AI 시대, 인간을 인간답게 만드는 커피 한 잔의 힘

공감 능력

우리는 AI와 로봇, 드론이 일상이 된 시대를 살아가고 있습니다. 미국과 중국을 비롯한 여러 국가에서 AI 기술이 빠르게 발전하며, 인간의 노동과 사고의 많은 부분을 기계가 대신하는 현실이 되었습니다. 그러나 AI가 아무리 정교해지더라도 결코 가질 수 없는 것이 있습니다. 그것이 바로 '공감능력(The ability to empathize)'입니다.

AI는 논리를 계산하고 방대한 데이터를 분석할 수 있지만, 타인의 아픔을 이해하고, 기쁨을 함께 나누는 감성적 공감 능력은 없습니다.

공감은 인간만이 가진 고유한 능력이며, 이것이 인간을 인간답게 만듭니다. 그리고, 공감을 나누는 가장 좋은 도구 중 하나가 바로 커피입니다.

우리와 함께하는 커피(Coffee be with us)

커피는 단순한 음료가 아닙니다. 그것은 사람을 연결하는 다리이며, 마음을 열게 만드는 촉매제입니다. 기쁨을 함께하는 자리에서도, 슬픔을 나누는 순간에도 커피는 언제나 함께 하고 있습니다.

예를 들어 결혼식 피로연에서 축하객들은 커피를 마십니다. 기쁨을 나누며 새 출발을 축하할 때, 한 손에는 커피가 들려 있습니다. 장례식장의 식당에서도 사람들은 커피를 마십니다. 슬픔 속에서 유가족을 위로하는 자리에서도 커피는 빠지지 않습니다.

회의실에서도, 노동 현장에서도, 누구나 커피를 마십니다. 격식을 따지지 않고, 같은 테이블에서 함께 마시며 이야기할 수 있도록 돕는 도구가 커피입니다. 커피를 마시면서 사람들은 서로의 생각을 공유하고, 기쁨과 슬픔을 함께하며, 같은 공간에서 시간을 보냅니다. 이렇듯 커피는 단순한 음료를 넘어 소통의 매개체이며, 공감의 도구가 됩니다.

커피는 격식을 따지지 않는다

와인은 격식을 갖춘 자리에서 마십니다.

고급 레스토랑이나 와인바, 혹은 중요한 비즈니스 자리에서나 어울립니다. 와인을 마실 때는 복장이 따르고, 예절이 요구됩니다. 차(茶)도 다도(茶道)라는 전통과 절차가 있으며, 마시는 방법도 정해져 있습니다. 차를 마시는 공간에도 암묵적인 규칙이 존재합니다.

그러나 커피는 다릅니다. 별다른 '드레스 코드'가 없습니다. 마시는 공간이 따로 정해져 있지도 않고 격식이나 예절을 갖출 필요도 없습니다. 누구나, 언제든, 어디서든 마실 수 있습니다. 그렇기에 커피는 소통과 공감의 매개체가 될 수 있었습니다. 만약 커피가 와인이나 차처럼 격식을 따지는 문화를 고집했다면, 오늘날처럼 세계적으로 사랑받는 음료가 되지는 못했을 것입니다.

6세기경, 인류가 커피를 처음 발견한 이후, 세월이 흐르며 커피는 다양한 방법으로 소비되었고, 수많은 문화적 변화와 사회적 흐름을 거쳐 오늘날 전 세계에서 가장 보편적이며 대중적인 음료가 되었습니다. 이제 커피는 누구나, 어디에서나, 언제나 즐길 수 있는 시대가 되었습니다.

한 봉지의 커피믹스만 있으면 멋진 카페가 된다

한 봉지의 믹스커피만 있으면, 어디서든 멋진 카페가 열립니다. 노동자의 휴식 시간에도, 작은 시골 마을의 정자에서도, 교회의 작은 탁자에서도 믹스커피 한 잔으로도 이야기꽃이 피어납니다. 커피는 단순한 음료가 아니라 공감의 좋은 도구입니다.

커피 한 잔 속에 담긴 공감, 그것이 인간을 인간답게 만듭니다.

수태차(奶茶, Suutei tsai)와
카푸치노의 공통점은

지금으로부터 20여 년 전, 저는 선교 훈련으로 몽골에 다녀올 기회가 있었습니다. 가도 가도 끝없는 초원이 펼쳐져 인상적이었습니다. 그런데 복음을 전하기 위해 방문하는 유목민의 집(게르)마다 반드시 거쳐야 하는 통과의례가 있었습니다. 그것이 수태차였습니다. 처음 마실 때는 뭔지 모를 이질감이 있어서 마시기 힘들었습니다. 그것도 방문하는 집마다 주니 생각보다 쉽지 않았습니다. 하지만 선의로 대접하는 것이라 주는 대로 받아 마셨습니다. 지금 생각해보니 정말 그 추억이 아름답게 느껴집니다. 커피를 공부하다 보면 동서양의 음식문화에는 상당 부분 공통점이 있음을 알 수 있습니다. 그중 하나가 몽골의 수태차와 이탈리아의 카푸치노입니다.

몽골의 수태차는 차의 떫은맛을 우유와 소금으로 부드럽게 만들고, 이탈리아의 카푸치노는 쓴 에스프레소에 스팀 우유와 거품을 더해 부드러움을 선사합니다. 이 두 음료는 지리적으로나 문화적으로 멀리 떨어져 있지만, 강렬한 맛에 부드러움을 더하는 기본 원리를 공유하고 있습니다.

몽골 초원의 수태차와 생존의 지혜

몽골 유목민에게 수태차는 생존과 환대의 음료입니다. 그것은 혹독한 초원에서 살아남기 위한 필수적인 음료이자, 따뜻한 환대의 상징입니다. 녹차를 우려낸 물에 우유와 소금을 넣고 끓이는 이 차는, 때로는 버터나 발효유를 추가해 칼로리와 지방을 보충하는 역할도 했습니다. 낯선 손님이 게르를 방문하면 가장 먼저 내놓았는데, 이는 손님을 한 가족으로 맞이한다는 몽골 유목민들의 깊은 환대의 의식을 보여줍니다. 13세기에 몽골을 방문했던 프란체스코회 수도사 '윌리엄 루브룩'의 선교보고서에서 양젖에 차를 우려서 마시는 독특한 음용 방식에 대해서 기록하고 있습니다.

합스부르크 왕가와 동방의 문화적 만남

중세 이후, 합스부르크 왕가의 외교 사절단은 중앙아시아와 몽골을 오가며 독특한 문화를 접하게 되었는데, 이들은 차와 우유, 발효유를 섞어 마시는 몽골의 풍습에 큰 호기심을 느꼈습니다. 역사학자 피터 잭슨의 연구에 따르면, 이러한 문화적 교류는 단순한 외교 관계를 넘어 유럽 궁정 문화에 영향을 미쳤을 가능성이 있었다고 합니다. 이 시기는 마침 커피가 유럽에 전파되기 시작한 때와 맞물리며, '강렬한 음료에 우유를 더하기'라는 아이디어가 유럽 전역으로 퍼져나가는 계기가 되었다고 볼 수 있습니다.

비엔나 커피와 카푸치노의 탄생

1683년, 오스만 제국의 빈 포위전이 끝난 후 오스트리아는 커피 문화를 빠르게 받아들였습니다. 비엔나 사람들은 커피에 우유, 크림, 설탕을 넣어 마시기 시작했고, 이것이 우리가 아는 비엔나 커피의 기원이 되었습니다. 이 문화는 이탈리아 북부로 전해져, 에스프레소에 스팀 밀크와 부드러운 거품을 얹는 카푸치노로 발전합니다. 카푸치노라는 이름은 카푸친 수도회 수도사들의 옷차림에서 유래했습니다. 짙은 갈색 수도복 위에 흰 두건을 쓴 모습이 커피와 우유 거품의 색 대비와 비슷했기 때문입니다. 이처럼 몽골 초원에서 시작된 '음료와 우유의 결합'은 합스부르크의 외교적 교류를 거쳐 비엔나에서 꽃을 피웠고, 이탈리아에서 미학적인 완성에 이르렀다고 볼 수 있습니다.

한 잔의 음료에 담긴 의미와 교회의 역할

수태차와 카푸치노는 강렬함과 부드러움의 조화를 보여줍니다. 수태차는 혹독한 환경에서 살아가는 이들에게 없어서는 안 될 생명력을 주었고, 카푸치노는 현대 도시인들의 바쁜 아침에 부드럽고 따뜻한 위로를 건넵니다. 이 두 음료의 여정은 마치 서로 다른 문화와 역사가 만나 새로운 것을 창조하는 과정과 같습니다. 오늘날 우리가 즐기는 카푸치노 한 잔에는 몽골 초원의 바람, 합스부르크의 외교, 비엔나의 커피하우스, 그리고 이탈리아 수도회의 영성이 녹아 있습니다.

인류에게 있어서 음료는 마시고 즐기는 것을 넘어, 문명과 역사의 흐름을 담아내는 도구입니다. 수태차에서 카푸치노에 이르는 여정은 서로 다른 문화가 어떻게 만나고 변주되어 우리 삶을 풍요롭게 만드는지 보여주고 있습니다. 교회에서도 복음이라는 진리의 메시지가 너무 날카롭게만 전달된다면 사람들의 마음속에 자리 잡기 어렵습니다. 그러나 커피 위에 부드러운 우유 거품이 감싸듯, 복음이 사랑으로 덧입혀질 때, 사람들의 마음에 부드럽게 스며들 수 있습니다.

믹스커피 예찬

저는 일반적으로 핸드드립 커피를 마십니다. 하지만 가끔은 필요에 따라 믹스커피도 마십니다. 사실 밤새도록 달려서 도착한 장례식장에서 마시는 믹스 커피나, 고깃집에서 회식을 한 후 마시는 달달한 믹스 커피는 이에 견줄 만한 것이 없습니다.

커피는 단순한 음료가 아니라 하나의 문화이며, 시대와 지역에 따라 다양한 방식으로 변형되어 왔습니다. 그중에서도 믹스커피는 한국에서 독특하게 발전한 커피 문화의 한 축을 담당하고 있습니다. 커피, 설탕, 프림이 황금비율로 조합된 이 작은 봉지 속에는 단순한 편리함을 넘어, 조화와 균형이라는 철학적 의미까지 담겨 있습니다.

믹스커피는 1976년 동서식품이 세계 최초로 개발한 제품으로, 따뜻한 물만 부으면 달콤한 커피가 완성되는 형태였습니다. 당시에도 분말 커피가 존재했지만 커피와 설탕, 프림을 잘 조합해서 타야만 하는 불편함이 있었습니다. 믹스커피는 이러한 불편함을 해소하며, 빠르게 한국 사회에 자리 잡았습니다. 특히 산업화와 경제 성장기에 바쁜 직장인들에게 간편한 휴식의 상징이 되었고, 군대, 공장, 사무실 등 다양한 공간에서 사랑받았습니다.

커피에 우유를 넣어 마시는 문화는 17세기 유럽에서 시작되었습니다. 특히 1660년대 프랑스나 오스트레일리아의 왕가에서 우유와 커피를 섞어 마시기 시작하면서 점차 대중화되었습니다. 이후 카페라떼,

카푸치노 등의 다양한 변형이 생겨났으며, 현재도 많은 사람들이 우유를 첨가하여 부드러운 맛을 즐기고 있습니다.

설탕을 커피에 넣어 마시는 전통 역시 비슷한 시기에 시작되었습니다. 17세기 유럽에서 커피가 대중화되면서, 설탕을 넣어 마시는 것이 고급스러운 취향으로 여겨졌습니다. 특히 프랑스와 이탈리아에서 설탕을 커피에 첨가하는 습관이 정착되었고, 이후 세계적으로 퍼지게 되었습니다.

현대 인스턴트 커피의 기원은 1890년 뉴질랜드의 데이비드 스트레인(David Strang)으로 거슬러 올라갑니다. 그에 의해 처음 특허가 등록되었는데, 이후 1901년 일본계 미국인 과학자 사토리 카토(Satori Kato)가 미국 시카고에서 인스턴트 커피를 개발하면서 상업적 생산이 가능해졌습니다. 본격적으로 대량 생산된 것은 1938년 네슬레(Nestlé)가 개발한 '네스카페(Nescafé)' 브랜드를 통해서였습니다. 네슬레는 제2차 세계대전 동안 미군에게 공급하며 세계적으로 인스턴트 커피가 확산되는 계기를 만들었습니다.

믹스커피는 단순한 음료를 넘어 '정(情)'을 나누는 매개체로도 작용해 왔습니다. 손님이 오면 믹스커피 한 잔을 내어놓는 것이 예의였으며, 직장에서는 동료들이 서로 커피를 타 주며 유대감을 형성하였습니다. 이 작은 커피 한 잔이 사람과 사람을 이어주는 역할을 한 것입니다.

또한 믹스커피의 특유의 달콤함과 부드러움은 따뜻한 위로의 의미를 담고 있습니다. 삶이 바쁜 현대인들에게 믹스커피 한 잔은 잠시나마 긴장을 풀어주고, 여유를 찾게 해주는 역할을 해왔습니다.

믹스커피는 커피의 쓴맛, 설탕의 단맛, 프림의 부드러움이 절묘하게 균형을 이루며, 하나의 완성된 맛을 만들어냅니다. 커피의 깊은 맛이 너무 강하면 부담스러울 수 있고, 설탕이 과하면 느끼할 수 있으며, 프림이 부족하면 거칠 수 있습니다. 하지만 믹스커피는 이 모든 요소를 조화롭게 배합하여 가장 대중적인 맛을 창출하였습니다.

이러한 조화와 균형의 원리는 인간관계에도 적용될 수 있습니다. 한쪽으로 치우치지 않고 서로를 보완하며 조화를 이루는 것이 관계의 핵심입니다. 커피는 깊이 있는 사고를 상징하고, 설탕은 따뜻한 감성을, 프림은 부드러운 조율을 의미합니다. 믹스커피처럼 서로 다른 요소가 만나 조화롭게 어우러질 때, 우리의 삶도 보다 풍성해질 수 있습니다.

그런 의미에서 믹스커피는 단순히 인스턴트 음료가 아니라 조화와 균형의 미학이자 사람과 사람을 잇는 따뜻한 매개체이며, 바쁜 일상 속에서 잠시 멈추어 쉴 수 있는 작은 사색의 순간을 제공해 줍니다.

믹스커피의 조화와 균형은 교회 공동체에도 깊은 교훈을 줍니다. 교회는 다양한 배경과 성향을 가진 성도들이 함께 신앙을 이루어가는 공동체입니다. 서로 다른 생각과 성향을 가진 성도들이 사랑과 배려로 연합할 때, 건강한 공동체가 형성될 수 있습니다.

믹스커피의 커피가 깊이 있는 신앙을, 설탕이 성도 간의 사랑과 나눔을, 프림이 부드러운 소통과 중재의 역할을 한다면, 이 세 가지가 균형을 이룰 때 교회는 더욱 건강한 신앙 공동체로 성장할 수 있습니다. 각 성도의 역할과 은사가 다를지라도 서로를 존중하고 배려할 때, 하나님의 나라를 이루어가는 아름다운 공동체가 될 것입니다.

커피에
장미향을 담다

유혹인가, 위로인가.

장미가 가장 찬란하게 피어나는 5월과 6월, 꽃의 계절이 오면 많은 이들이 장미를 보기 위해 공원과 거리를 찾습니다. 그윽한 향기와 다채로운 색감, 풍성한 꽃송이들은 자연이 선사하는 가장 아름다운 순간들 가운데 하나라 해도 과언이 아닙니다.

서울 중랑구에서 개최되는 장미축제 역시 이 계절의 정수를 담은 대표적인 행사입니다. 2005년, '중랑 시네마 & 뮤직 페스티벌'이라는 지역 문화행사로 첫발을 뗀 이 축제는 2009년 '중랑장미축제'로 명칭을 변경하며 성장하였고, 2015년부터는 '서울장미축제'라는 이름으로 재단장되어 현재에 이르고 있습니다.

특별히 올해 장미축제에서는 '커피에 장미향을 담다'라는 주제로 바리스타 대회가 개최되었습니다. 커피비평가협회 주관으로 열린 이 대회는 커피와 장미라는 이질적인 두 요소가 조화롭게 어우러질 수 있는 가능성을 탐색하고자 하였습니다.

혹시 커피를 마시려고 잔을 들었을 때, 장미 향이 은은하게 스치는 경험을 해보신 적이 있으신지요? '장미 향기 커피'라는 말은 다소 생소하게 들릴 수 있지만, 실제로 고급 커피의 테이스팅 노트에서는 장미, 자스민, 라벤더와 같은 꽃 향기가 자주 언급됩니다. 이는 단순한 수식어가 아니라, 커피 고유의 향기 성분 중 일부가 꽃을 통해 접하는 향기

분자와 유사하기 때문에 느껴지는 것입니다.

예컨대 '페닐에틸알코올(Phenylethyl Alcohol)'이라는 성분은 장미나 백합의 향기를 구성하는 대표적인 분자로, 일부 커피 원두, 특히 에티오피아 예가체프(Yirgacheffe)나 파나마 게이샤(Geisha) 등에서도 검출되곤 합니다.

이러한 향은 인위적으로 가향(加香)된 것이 아니라, 커피의 품종과 생육 환경, 그리고 가공 방식에 따라 자연스럽게 발현된 것입니다. 커피에는 800가지 이상의 향기 성분이 포함되어 있으며, 이는 와인보다도 많은 수치입니다. 말하자면, 커피는 씨앗 속에 담긴 '자연의 꽃다발'이라 표현할 수 있겠습니다.

그렇다면 커피 속에서 피어나는 장미향은 어떤 의미가 있을까요? 향기는 단순한 후각의 자극을 넘어 기억을 불러오는 감각의 통로라 할 수 있는데, 장미향을 머금은 커피를 마시는 순간, 어떤 이는 첫사랑의 추억을, 또 어떤 이는 유럽의 정원을 걷던 여행의 추억을 되살릴 수도 있기 때문입니다. 그렇기에 커피의 꽃 향기는 감정과 기억을 환기시키는 예술적인 장치이자, 내면 깊은 곳을 조용히 두드리는 언어라고 해도 좋을 것입니다.

커피에서 느껴지는 장미 뉘앙스는 결코 과하지 않습니다. 살짝 스쳐 가는, 화려하지만 섬세하고, 향기롭지만 요란하지 않게 은은하게 번지는 그 향기는, 하루를 조용히 돌아보고 싶은 나 자신을 위로를 줍니다.

오래전 발표된 가수 4월과 5월의 '장미'라는 노래 가사에는 다음과 같은 구절이 있습니다.

"당신에게선 꽃내음이 나네요

잠자는 나를 깨우고 가네요

…

당신의 모습이 장미꽃 같아

당신을 부를 때 장미라고 할래요"

당신의 하루가 장미처럼 아름답게 피어나기를 소망합니다.

화합의 연금술,
커피 블랜딩(Blending)

오케스트라(Orchestra)에는 현악기와 목관악기, 금관악기와 타악기 등 제각기 다른 음색을 가진 수많은 악기들이 지휘자의 손길에 따라 음악을 연주합니다. 연주자들이 서로 다른 음색을 가진 악기들을 가지고 서로 어울려 하모니(Harmony)를 이루는 순간은 정말 아름답고 감동이 넘칩니다.

커피의 세계에도 오케스트라처럼 합주의 세계가 있습니다. 커피 블랜딩(Blending)의 세계가 바로 그것입니다. 인류 최초의 커피 블랜딩은 인도네시아 자바와 예멘, 에티오피아의 모카를 혼합한 모카 자바(Mocha-Java)였다고 합니다.

최초의 블랜딩은 보다 좋은 향미를 얻기 위한 욕구에서 시작된 것이라고 할 수 있습니다. 단종커피에서는 얻을 수 없는 향이 다양한 커피를 섞어주는 블랜딩을 통해 얻어진다는 것을 알게 되면서 블랜딩의 기술이 발전했습니다.

사실 블랜딩은 커피의 고유영역은 아닙니다. 오히려 향수나 와인, 위스키가 그 역사가 깊습니다. 최근에는, 차는 물론 심지어 막걸리에 이르기까지 아주 다양한 영역에서 블랜딩 기술이 활용되고 있습니다.

커피 블랜딩의 목적은 한 종류의 커피에서는 얻을 수 없는 훨씬 좋은 향미와 맛의 시너지(Synergy)를 얻는 것입니다. 단종(Straight) 커피의 고유한 맛과 향을 강조하면서도 좀 더 깊고 조화로운 향미를 창조할 수 있습니다. 자칫하면 단조로울 수 있는 서로 다른 커피들을 최적의 비율로 블랜딩할 때 이전에는 결코 느낄 수 없었던 맛과 향의 조화를 누리게 되는 것입니다.

커피는 품종마다 맛과 향이 다릅니다. 따라서 커피는 원산지별로 제각기 독특한 특징이 있습니다. 저마다 자기의 멋진 향기를 뽐내는 것입니다. 아프리카 땅에서 심기고 자라나서 그곳 농부의 손에 의해 수확되고 가공된 커피에는 아프리카의 향기와 정서가 담겨있습니다. 아시아, 중남미, 그 어느 곳에서 자랐든 그곳에서 난 농산물 역시 마찬가지입니다.

일반적으로 에티오피아 커피는 여성적인 커피라고 말하는데 그 이유는 과일과 꽃의 향기와 산미가 강렬하기 때문입니다. 반면에 아시아 지역, 특히 인도네시아 만델링 커피는 묵직한 바디감과 진한 초콜렛의 향미가 마치 중후한 남성을 닮았다고 평가합니다.

이에 비해 브라질 커피는 중성적인 커피로 알려져 있습니다. 다른 지역의 커피에 비해서 그다지 큰 특징은 없어도, 다른 어떤 커피와도 잘 어울리기 때문에 블랜딩 커피로 많이 선호합니다. 다른 특징을 가진 커피들을 최적의 비율로 섞어줄 때에 향기로운 커피가 재탄생이 되는데 이것이 블랜딩의 매력입니다.

중세 유럽에서 연금술(錬金術, Alchemy)이라는 것이 유행했던 적이 있었습니다. 이는 기원전 이집트의 알렉산드리아에서 시작하여 이슬람을 거쳐 중세유럽에 퍼진 일종의 주술적인 자연학을 의미합니다. 흔히 알려진 바로는 비금속을 귀금속으로 바꾸는 기술을 말합니다. 당시, 납이나 철을 금으로 바꿀 수 있다고 선전하던 연금술사들이 많이 있었습니다. 하지만 그들은 모두 사기꾼에 불과했습니다. 하지만 가치가 없거나 낮은 것을 값비싼 것으로 만드는 기술을 가리켜 연금술이라고 말한다면 커피 블랜딩은 단연코 진짜 연금술이라고 할 수 있습니다.

파울로 코엘료는 자신의 소설 '연금술사'에서 이렇게 말합니다.

"이 세상에는 위대한 진실이 하나 있어. 무언가를 온 마음을 다해 원한다면, 반드시 그렇게 된다는 거야. 무언가를 바라는 마음은 곧 우주의 마음으로부터 비롯된 때문이지. 그리고 그것을 실현하는 게 이 땅에서 자네가 맡은 임무라네."

커피도 저마다의 좋은 특징을 가지고 있는 것처럼, 사람들도 저마다의 좋은 장점을 가지고 있습니다. 서로의 장점이 만나면 시너지(synergy)가 되고, 부족한 부분은 서로 채워주면 됩니다. 나와 다르다고 배척하고 미워하거나 차별하는 것은 지혜롭지 못합니다. 누구나 부족한 부분이 있고 약점도 존재하기 때문입니다.

커피 블랜딩을 통해 서로의 부족함을 채워주듯, 목회자나 평신도 모두 서로의 부족한 부분을 채워주며 살았으면 좋겠습니다. 상생(相生)의 길은 어렵지 않습니다. 역사적으로 볼 때 강하고 위대한 문명을 꽃피운 민족은 화합의 기술을 가지고 있는 민족이었습니다. 감리교회는 화합과 상생의 아름다운 역사와 전통을 가지고 있습니다. 우리 모두 화합의 기술을 발휘하여 그리스도의 향기를 온 세상에 널리 전하게 되기를 바랍니다.

커피, 기억하십니까?
그때 그 순간을?

"저 언덕 너머 어딘가 그대가 살고 있을까

계절이 수놓은 시간이란 덤위에 너와 난 나약한 사람…."

여러분은 이렇게 시작되는 바리톤 고성현의 가곡을 좋아하십니까? 이 노래는 후렴부에서 이렇게 진행됩니다.

"난 기억하오 난 추억하오 소원해져 버린 우리의 관계도…."

추석 명절을 맞아 고향을 찾아 가는 사람들의 마음에는 여러가지 추억들이 떠오릅니다. 신기하게도, 커피에도 그러한 특별한 기억들이 깃들어 있습니다. 제가 [커피인문학] 세미나를 진행할 때마다 청중에게 던지는 질문이 있습니다.

"지금까지 마신 커피 중, 가장 기억에 남는 커피는 어떤 커피입니까?"

대부분의 사람들은 자신과 함께 '커피를 마신 사람들'을 먼저 떠올렸습니다. 제가 들은 이야기 중에 감동적인 이야기가 많이 있지만, 그 중에서도 잊을 수 없는 이야기가 있습니다.

한 중년 여성은 자기 친구와 등산했을 때 산 정상에서 마신 커피가 지금까지 마신 커피 중에서 가장 맛있었다며 운을 떼었습니다. 거기서 친구가 보온병을 꺼내 따뜻한 커피 한 잔을 따라줘서 마셨는데 그 때 그 커피가 가장 기억에 남는 커피라는 것입니다. 친구와 특별한 장소에서 함께 마신 커피였기 때문이었습니다. 하지만 그 친구는 세상을 떠났고 다시는 그 친구를 보지 못한다는 슬픔에 커피를 마실 때마다 그 친구 생각이 난다고 했습니다.

또 다른 여성은 어머니와의 추억을 꺼내놓았습니다. 병원으로 모시고 가는 길, 잠시 들른 카페에서 커피를 마시며 좋아하는 어머니의 모습을 보게 되었는데, 그때 어머니도 커피를 좋아한다는 사실에 적잖이 놀랐다고 합니다. '그런 줄 알았다면 자주 모시고 나올걸….'

딸이 어머니에게 말했습니다.

"엄마 가끔 저랑 카페에 와요."

"그래 그러면 좋겠네."

어머니가 환하게 웃으면서 대답했습니다. 하지만 얼마 후 어머니의 병세가 악화되어 그 약속을 지키지 못했다고 울며 더 이상 말을 이어가지 못했습니다.

커피는 기억을 소환합니다. 저는 이 이야기들을 들으며 예수님의 열두제자가 떠올랐습니다. '제자들도 그랬겠구나….' 그들은 포도주를 마실 때마다 예수님과의 식탁, 특히 마지막 유월절 만찬 장면을 회상했을 것입니다. 그때 이후로 제자들에게 포도주는 단순한 음료 이상의 의미가 있었습니다. 그것은 주님과의 기억을 소환하는 그리움 그 자체였을 것입니다.

커피는 그리움입니다. 친구들의 웃음, 부모님의 손길, 혹은 이미 세상을 떠난 누군가의 미소까지, 커피는 그 모든 기억을 소환합니다.

추석은 그리움이 풍성하게 익어가는 계절입니다. 고향집 마당의 감나무, 달빛이 내려앉은 골목길, 그리고 오래된 커피 향 같은 추억들이 이맘때면 조용히 마음을 두드립니다. 커피의 향이 우리의 추억을 소환하며, 찾아온 그리움에 인생이 익어갑니다.

오늘 이 순간 여러분과 함께 커피를 마시는 사람과의 소중한 시간을 의미 있게 사용하시면 좋겠습니다. 그 순간도 오랜 세월이 지나며 아름다운 추억으로 남게 될 것이니까요.

그리움의 향이 짙어지는 이 계절, 여러분의 커피잔에도 따뜻한 기억이 잔잔하게 여울지기를 소망합니다.

PART 3

커피는
어떻게 마실 때
가장 맛있나

커피 향기속에서
하나님의 숨결을 느낄 때

사이폰커피 (사진제공: Wikipedia)

세상에 존재하는 모든 생명은 기본적으로 공기를 호흡하며 살고 있습니다. 포유류(哺乳類)나 파충류(爬蟲類), 조류(鳥類)와 양서류(兩棲類)는 공기를 들이 마시고 뱉는 허파 호흡을, 어류(魚類)는 아가미를 통해 물에 녹은 용존산소를 흡입하는 방법을 사용합니다. 모든 생명체는 생명을 유지하기 위해 공기를 호흡하도록 설계되었습니다.

창세기에 보면 하나님은 세상을 말씀으로 창조하셨습니다. 그런데 특이하게도 인간만큼은 흙을 빚어 만드신 후에 그 코에 생기(חַיִּ֑ים נִשְׁמַת)를 불어넣어 주셨습니다. 인간의 코에 불어넣은 '생명의 기운'은 '공기', '바람' 또는 '호흡'이라는 의미도 있습니다.

공기는 커피에 있어서 매우 중요합니다. 커피의 향기 성분은 공기가 없이는 추출할 수 없습니다. 멜리타나 칼리타, 고노, 하리오를 비롯한 브루잉 도구들은 공기의 흐름을 이용합니다. 커피 드리퍼에는 돌출된 리브(Rib)들이 있는데, 공기를 잘 흐르게 함으로써 효과적으로 커피의 추출을 돕도록 만들어진 것들입니다.

사이폰(Syphon)으로 알려진 진공 커피추출기(Vacuum Coffee Maker)는 명칭에서 알 수 있듯이 공기압력으로 진공을 만들어 커피를 추출하는 기구입니다. 아래쪽 용기에 물을 담고 가열하면 물은 유리관을 따라 위쪽으로 올라가 커피 성분을 추출한 뒤 진공압력에 따라 다시 원위치로 돌아오는데, 이 역시 공기를 이용한 탁월한 커피 추출법이라고 할 수 있습니다.

공기(Air)는 향기물질(Aroma)을 전달하기 위해 있어서 반드시 필요합니다. 향기는 공기가 없이는 코 속의 상피 후각세포에 전달되지 못합니다. 그러므로 공기는 커피에게는 없어서는 안되는 친구와 같은 존재입니다.

이처럼 공기라는 존재는 커피에게 필수적이지만 때로는 부정적인 역할을 하기도 합니다. 커피의 성분에는 불포화지방산인 리놀렌산(linolenic acid)이 많아 산화에 대단히 민감합니다. 커피를 볶는 과정에서 생겨난 이산화탄소가 커피의 세포에 갇히게 되면서 산소와 커피와의 만남을 막아주기 때문에 이산화탄소가 일종의 보호막이 되어 산소에 의한 산화반응을 억제해주는 효과가 있습니다. 하지만 로스팅 후 대략 보름이 지나면 이산화탄소가 모두 빠져나가면서 커피는 산소와 만나서 급속히 산패(酸敗)됩니다.

커피는 공기를 필요로 하지만, 공기 중의 산소로 인해 시간이 지날수록 커피의 품질이 떨어지는 것은, 로스팅된 커피가 태생적으로 지니고 있는 역설입니다. 세상에 태어난 모든 존재들도 공기 중의 산소를 이용해서 생명을 유지하지만 산소 때문에 늙어가는 것처럼 말입니다.

인간이 가장 존엄한 순간은 하나님 앞에서 자기 자신의 유한성을 느끼고 겸손히 자신을 돌아볼 때가 아닐까 싶습니다. 인간은 전능하신 하나님 앞에서 자신을 돌아보기도 하고, 잘못을 뉘우치기도 하며, 사명을 깨닫기도 합니다.

아시시의 성 프란체스코는 '태양의 찬가(Canticle of the Sun)'에서 이렇게 노래했습니다.

"내 주여, 형제 바람의 찬양을 받으소서.
공기와 구름과 화창한 날씨,
그리고 모든 날씨의 찬양을 받으소서."

그는 공기를 통해서 하나님의 영광을 느꼈습니다. 저는 공기가 가지고 있는 자유로움이 가장 중요한 가치라고 생각합니다. 공기는 가고 싶은 곳으로 가며, 가는 곳마다 생명을 살리고 향기를 흩날립니다. 공기는 눈에 보이지 않지만 지구상에 사는 모든 생명체에게 지대한 영향을 끼칩니다. 믿음의 대상인 하나님도 우리의 눈으로는 볼 수는 없습니다. 하지만 하나님은 분명히 살아계십니다.

공기를 통해서 좋은 향기만 전달되지 않는 것처럼, 때로는 기독교인들을 통해서 부정적이고 잘못된 메시지들이 세상에 전달되기도 합니다. 하지만 이것은 기독교 자체의 잘못이라기보다 그 악취를 내는 사람들의 잘못입니다. 눈에 보이는 것은 자유롭지 못합니다. 눈에 보이는 종교는 교권화(敎權化)되고 제도화(制度化)되어 부자연스러운 모습이 보일 수도 있습니다. 하지만 참된 믿음은 눈에 보이지 않는 지고의 가치인 자유로움을 지니고 있습니다.

요한복음 3장에 보면 예수께서는 "어떻게 하여야 영생을 얻을 수 있습니까?"라고 묻는 니고데모에게 "바람이 임의로 불매 네가 그 소리는 들어도 어디서 와서 어디로 가는지 알지 못하나니 성령으로 난 사람도 다 그러하다"고 말씀하셨습니다. 바람은 어디에도 매이지 않습니다. 성령으로 거듭난 사람은 주 안에서 자유롭습니다. 그는 세상의 모든 것들을 변화시키는 능력 있는 삶을 살아갑니다.

아침 일찍 일어나 기도하며, 말씀을 읽고 묵상하면서 향기로운 커피한 잔을 드시는 것을 추천합니다. 공기를 통해 전해지는 커피 향기를 느끼면서 말입니다. 온몸의 모든 감각을 일깨워 커피 향기 속에서 하나님의 숨결을 느껴보시면 어떨까요?.

그리고 자신에게 질문을 던져보십시오.

"나는 여전히 자유로운가?"

김 목사가
카페를 옮긴 이유는

바리스타 목사의 신앙 레시피

서울에서 목회하는 김 목사는 커피를 유난히 좋아합니다. 특히 카페 라떼(Caffè Latte)를 즐기는데, 밥은 안 먹어도 커피는 꼭 마셔야 하는 커피홀릭(CoffeeHolic)입니다. 커피도 마시고 배도 채워주는 우유가 들어간 카페라떼는 그의 완벽한 동반자입니다.

얼마 전, 교회 앞에 새로운 카페가 하나 생겼습니다. 김 목사는 가급적 그곳에 가서 팔아주려고 하는데 고민이 하나 생겼습니다. 직원도 싹싹하고 친절하며, 분위기와 음악도 취향에 딱 맞는데, 카페라떼 맛이 별로였기 때문입니다.

문제는 카페라떼의 온도에 있었습니다. 어떤 날은 너무 뜨겁고, 어떤 날은 너무 미지근해서 맛이 없었기 때문입니다. 김 목사는 커피를 한 모금 마시며 잠시 고민에 빠졌습니다.

"좋은 커피와 우유를 사용하는데도 왜 이렇게 맛이 없을까?"

2018년 3월, 미국 코넬 대학교(Cornell University)에서 발표된 소비자 선호 뜨거운 음료 온도 연구에 따르면, 뜨거운 음료는 약 65℃에서 가장 맛있게 느껴진다고 합니다. 일반적으로 음식과 음료의 풍미를 가장 잘 느낄 수 있는 온도는 55~65℃ 사이로 알려져 있습니다. 이는 혀의 감각 신경이 최적의 반응을 보이는 온도 영역이기 때문입니다.

특히, 우유 속의 유당(락토스)과 단백질(카제인)은 온도에 따라 맛이 달라집니다. 우유가 알맞게 가열되면 마이야르 반응이 일어나는데, 이로 인해 우유는 더 달고 고소하게 느껴집니다. 하지만 온도가 너무 낮으면 단맛과 고소함이 부족해지고, 70℃를 넘으면 우유 특유의 비린 맛이 강조됩니다. 그래서 65℃를 정확히 맞추는 것이 바리스타의 실력입니다.

맛없는 카페라떼를 마시며 김 목사는 온도가 정말 중요하다는 것을 깨달았습니다. 그리고 이 생각은 자연스럽게 교회로 이어졌습니다.

교회도 온도가 중요합니다. 성도들의 말과 얼굴에서 느껴지는 따뜻함의 온도는 교회의 분위기를 결정짓습니다. 아무리 말씀이 은혜로워도, 시설이 화려하고 인테리어가 멋져도, 교회의 온도가 차갑다면 새 가족들은 정을 붙이지 못하고 떠나갈 것입니다. 맛없는 커피를 다시 마시고 싶지 않은 것처럼 말입니다.

오늘날 대한민국에는 카페가 정말 많습니다. 따라서 충성고객을 제외하고는 맛없는 카페에 안 가고 맛있는 카페로 옮길 이유가 충분합니다. 교회도 수없이 많습니다. 오래된 충성교인들은 남아 있을지 몰라도, 온도가 차갑게 식어버린 교회에는 새가족이 정착하기는 정말 어려울 것입니다.

결국, 김 목사는 고민 끝에 카페를 옮기기로 했습니다. 새로 찾은 카페는 이전보다 작고 허름했지만, 주인 아주머니가 만들어주는 카페라떼의 온도가 완벽했습니다. 맛있는 카페라떼를 마시는 김 목사의 얼굴에 비로소 만족스러운 웃음이 번졌습니다.

카페도, 교회도 온도가 중요합니다.

따뜻한 말 한마디, 부드러운 미소는 교회를 다닐 맛을 만들어 줍니다. 우리도 모두 함께 교회의 온도를 따뜻하게 올려보면 어떨까요?

예수께서 우리를 사랑하셔서 세상에 오신 이 뜻깊은 성탄에, 오늘도 누군가에게 따뜻하고 맛있는 온도를 선물하는 멋진 하루가 되기를 바랍니다.

Merry Christmas~

돔배고기와
아인슈페너 커피

제주도에 가면 반드시 맛봐야 할 음식 중 하나가 바로 돔배고기입니다. '돔배'는 제주 방언으로 '도마'를 의미하는데, 돔배고기는 삶은 돼지고기를 비계 채로 도마 위에 듬성듬성 썰어낸 음식입니다. 기름기가 풍부해 열량이 높고, 식감도 부드러워 제주를 대표하는 별미로 꼽힙니다.

최근에는 이 돔배고기를 국수 위에 얹은 고기국수도 큰 인기를 끌고 있습니다. 직접 먹어보니 입안 가득 퍼지는 돼지 비계의 고소한 기름기가 꽤 인상 깊었습니다.

하지만 솔직히 제 입맛에는 돔배고기보다는 삼겹살이나 돼지 목살이 더 잘 맞습니다. 같은 값이라면 삼겹살이 양도 푸짐하고, 적당히 기름기가 빠져 담백하기 때문입니다. 그런 면에서 돔배고기는 제주 흑돼지라는 상징성과 지역 대표 음식이라는 점을 빼면, 가성비 면에서는 다소 아쉬운 것이 사실입니다.

그럼에도 불구하고, 제주에 갈 때마다 저는 꼭 한 끼는 돔배고기를 먹습니다. 그 이유는 단순히 맛 때문만이 아닙니다. 바로 그 음식에 깃든 이야기, 스토리텔링 때문입니다. 음식이나 음료에 담긴 이야기는 그 가치를 한층 더 높여줍니다.

돔배고기의 유래를 들으면 더욱 흥미롭습니다. 옛날 제주에서 어부들이 바다로 나갈 때, 아낙네들이 급히 돼지고기를 삶아 그릇도 없이

도마 위에서 잘라 건네주던 것이 돔배고기의 시초였다고 합니다. 그런 배경을 알고 먹으니, 그저 평범한 삶은 돼지고기와는 전혀 다르게 느껴졌습니다.

비슷한 이야기가 커피에도 있습니다. 흔히 비엔나커피로 알려진 아인슈페너(Einspänner) 커피는 '마부의 커피'라는 별명이 있습니다. 오스트리아 빈(Wien)의 마부들이 바쁜 일정 속에서도 허기를 달래기 위해 진한 커피에 생크림을 듬뿍 얹어 마신대서 유래된 커피입니다. 이 커피는 우리나라에서는 변형되어, 제가 학창시절 청파동의 한 음악다방에서 즐겨 마시던 바닐라 아이스크림을 띄운 비엔나커피로 기억됩니다. 원래는 생크림이 들어가야 제격이지만, 그 시절 다방에서는 아이스크림으로 대체했던 것이죠.

제가 오스트리아 빈에 방문했을 때, 가장 오래된 카페를 찾아가 아인슈페너 커피와 케이크를 주문했던 일이 있습니다. 막상 그것을 보니 작은 도자기 잔에 담긴 커피만으로는 마부들의 배고픔을 달래주던 당시의 진한 감동을 느끼기엔 부족했습니다. 만약 머그컵 가득 나왔더라면, 그 스토리의 감성과 무게가 더 실렸을지도 모르겠습니다.

이처럼 돔배고기나 아인슈페너 커피는 단순한 음식이 아니라, 이야기를 품은 식음료입니다. 필요가 있으면 음식은 만들어지고, 이야기가 더해지면 그 음식은 생명력과 가치를 갖게 됩니다.

예수께서 벳세다 광야에서 굶주린 무리를 먹이셨던 오병이어의 기적, 부활 후 갈릴리 호숫가에서 제자들과 나누셨던 떡과 생선처럼, 오늘날에도 사랑으로 나누는 따뜻한 한 끼 식사와 커피 한 잔은 기억에 남는 교제가 되고, 공동체를 더욱 아름답게 만들어갑니다.

우리의 교회 공동체도 주일마다 함께 나누는 식사와 다정한 대화 속에서 오래도록 기억되고, 사랑의 교제가 풍성하게 이어지기를 소망합니다.

물맛이 좋아야
커피 맛도 좋아집니다

바리스타 목사의 신앙 레시피

여러분은 커피를 얼마나 좋아하십니까? 하루에 몇 잔 정도의 커피를 마시나요? 기호에 따라 하루에 한 잔 정도 마시는 분들도 있을 것이고, 커피를 좋아하는 사람은 두세 잔쯤 마시기도 합니다. 물론 이보다 더 많이 마시는 분들도 있습니다. 일반적으로 과자 한 봉지를 먹어도 그 속의 칼로리나 영양성분을 궁금해합니다. 아마도 커피 한 잔을 마시면서 그 속에 영양성분이 얼마나 들어있는지 생각해 보신 분은 별로 없을 것입니다.

우리가 마시는 커피 한 잔에는 커피의 고형성분이 얼마나 들어있을까요? 스타벅스에서 마시든, 저가 커피숍에서 마시든 물과 커피의 비율은 대부분 비슷합니다. 녹아있는 커피의 품질이 얼마나 좋은가 하는 것은 별개의 문제입니다.

우리가 마시는 아메리카노 한 잔 속의 커피 성분은 불과 1% 정도밖에 되지 않습니다. 나머지 99%는 물입니다. SCA(Specialty Coffee Association)의 연구결과에 의하면 커피 음료 속에 커피의 고형성분이 1.15~1.35% 녹아있을 때 가장 맛있는 커피가 됩니다. 이보다 적으면 싱겁고, 많으면 진해집니다.

커피 한 잔이 대부분 물인 것을 생각할 때, 물의 맛이 커피 맛을 좌우한다는 것을 짐작하게 됩니다.

커피 전문가들은 커핑(Cupping)을 통해 커피를 평가할 때, 물맛에서 잡미를 제거하고 커피의 맛을 제대로 평가하기 위하여 좋은 정수 필터를 여러 개 연결해서 사용하기도 합니다.

정수 필터에는 크게 '이온 수지 필터'와 '카본 필터' 두 종류가 있습니다. '이온 수지 필터'는 에스프레소 커피머신에 들어가는 미네랄의 양을 조절해주고, '카본 필터'는 물맛을 좋게 만들어줍니다.

에스프레소 커피머신에 수도관을 직접 연결하여 사용하면 머신이 쉽게 고장이 납니다. 머신 내부의 파이프 속에 물때(Scale)가 침착되어 물맛도 변하고 고장의 원인이 되기 때문에 반드시 피해야 하고 정수기 필터를 사용해야 합니다.

'3M'이나 '에바퓨어' 같은 대표적인 정수기 브랜드 필터는 가격이 비싸지만 제대로 기능을 합니다. 하지만 아무리 비싼 필터라도 설치한지 오래되어 기능이 상실되면 아무리 좋은 커피도 좋은 맛을 낼 수 없습니다. 정수기 성능이 떨어지면 물이 오염되고, 물이 오염되면 커피맛이 변질됩니다.

단지 1%의 커피 성분이 커피의 정체성을 드러내듯, 1% 정도의 순수한 복음만 있어도 '교회를 교회 되게 하고', '세상을 변화시키는 그리스도의 손과 발'이 될 수 있습니다.

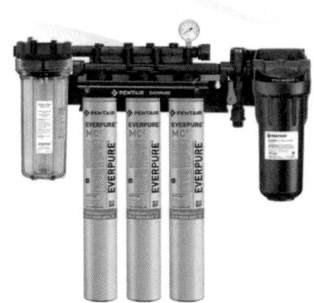

물 정화기계

커피 한 잔을 구성하는 나머지 99%의 물이 중요하듯, 교회를 구성하는 99%의 요소인 사람들, 성도들과 목회자, 그리고 교회의 시스템이 중요합니다.

복음이 세상 사람들에게 감동을 주기 위해서는 복음을 녹여내는 교회와 목회자들, 교인들이 정말 순수하고 깨끗해야 합니다.

물이 오염되면 커피 맛이 변질되는 것처럼, 교회와 목회자와 성도들이 변질되면 그들을 통해서 복음의 능력이 나타날 수 없습니다.

교회는 더러움을 걸러내고 물맛을 좋게 만드는 정수필터처럼 스스로를 깨끗하게 만드는 필터링 시스템이 살아있어야 합니다. 만약 고장이 난 채로 있다면 더 늦기 전에 교회는 자정 시스템이 회복되어야 합니다.

버려야
새 날이 옵니다

김 목사는 자타가 공인하는 커피 애호가입니다. 그래서인지 간혹 교인들이 해외에 다녀올 때면 커피 원두를 선물로 가져오기도 합니다. 교인 가정에 심방할 때마다 후식으로는 당연히 커피가 나옵니다.

어떤 가정에서는 정성껏 내린 핸드드립 커피를 대접하고, 어떤 가정에서는 믹스 커피를 대접합니다. 물론 워낙 커피를 좋아하는 김 목사는 어떤 커피도 마다하지 않습니다.

어느 날 이 집사가 다가와서 이렇게 말했습니다.

"목사님, 제가 아주 비싸고 좋은 커피를 선물로 받았는데요. 목사님 오시면 내려 드리겠습니다."

김 목사는 여러 가지 바쁜 일정을 마친 후 이 집사 댁으로 심방을 갔습니다. 이 집사가 자랑스럽게 가져온 커피는 '하와이 코나 엑스트라 팬시'였습니다. 세계 3대 커피로 알려져 있고, 정말 비싸고 귀한 커피였기에 기대감이 컸습니다.

드디어 예배를 마친 후 커피를 마시게 되었는데, 기대와는 달리 향도 없고 쩌든 듯한 냄새가 진하게 나서 도무지 맛이 없었습니다. 한껏 기대하고 있던 터라 김 목사의 미간이 절로 찌푸려졌습니다.

그러자 이 집사가 조심스럽게 물었습니다.

"목사님, 저희 회사가 거래하는 바이어가 좋은 커피라고 선물한 것인데 맛이 어떠세요?"

김 목사는 웃으며 대답했습니다.

"집사님, 좋습니다. 맛있습니다."

이후 김 목사는 이 집사에게 커피 포장지를 좀 보여 달라고 부탁했습니다. 확인해 보는 순간, 의심이 확신으로 바뀌었습니다. 그 커피는 분명 하와이 코나 엑스트라 팬시였지만, 유통기한이 5년을 훌쩍 넘긴 상태였습니다. 아무리 좋은 커피라도 너무 오래되면 최악의 커피가 되는 법이지요.

세상에는 오래되면 오히려 가치가 더해지는 것들도 있습니다. 골동품도 그렇고 문화재도 그렇습니다. 하지만 사람이 먹는 음식이나 음료는 오래되면 사용할 수 없고, 자칫 해롭기까지 할 수 있습니다.

그렇다면 커피가 오래될수록 맛이 변질되는 이유는 무엇일까요?

산화 반응

원두가 공기 중 산소와 접촉하면서 산화 반응을 겪습니다. 이 과정에서 커피의 주요 향미 성분(휘발성 화합물)이 산화되어 풍미가 감소하고, 쓴맛이나 떫은 맛이 늘어납니다. 특히 로스팅 과정에서 생성된 오일 성분이 산화되면 산패 현상이 일어나 맛이 크게 떨어집니다.

향의 휘발

커피 특유의 풍부한 향은 다양한 휘발성 화합물에 기인합니다. 하지만 시간과 함께 이 물질들이 공기 중으로 서서히 날아가면서 향이 약해지고, 맛의 깊이와 복합성도 감소합니다.

습도·온도에 민감

원두는 주위 환경의 습도와 온도에 크게 영향을 받습니다. 습도가 높으면 원두가 수분을 흡수해 내부 성분 변화가 가속되고, 온도가 높으면 산화 및 휘발 반응이 빨라져 맛이 더욱 쉽게 변합니다.

지속되는 화학 반응

로스팅된 원두 내부에서는 시간이 지남에 따라 화학 성분이 계속 변형됩니다. 로스팅 중 생성된 휘발성 물질들은 시간이 흐르면서 다른 물질과 결합하거나 소실되어, 맛과 향에 변화를 일으킵니다.

보관 상태의 중요성

직사광선을 피하고 밀폐된 용기에 보관하며, 서늘하고 건조한 장소에 두는 것이 중요합니다. 특히 분쇄된 커피는 산소와 접촉 면적이 넓어져 더 빠르게 산패하므로, 사용 직전에 분쇄하는 것이 좋습니다.

이렇듯 커피 원두는 시간이 지남에 따라 여러 화학적 변화를 겪고, 그 결과 맛과 향이 변질됩니다. 따라서 신선함을 유지하기 위해서는 적절한 보관 방법을 지키고, 로스팅 후 일정 기간 내에 소비하는 것이 가장 바람직합니다.

교회에도 오래된 것들이 있습니다. 오랫동안 애지중지 보관하다 보면 어느 순간 유통기한이 지나, 한때는 좋았어도 이제는 가치가 떨어져 버린 것들이 생기기도 합니다. 복음의 가치와 중요한 교회의 전통은 반드시 지속적으로 지켜나가야 합니다. 그러나 복음과 아무 상관도 없는 것들을 가장 중요한 가치인 것처럼 포장하고 보존하려 드는 데 문제가 있는 것입니다.

제가 삼십여 년 전에 목회했던 시골 교회에는 아주 오래된, 고장난 앰프와 스피커가 있었습니다. 예배 때마다 그 앰프를 켜고 마이크를 사용하는데, 차라리 쓰지 않는 것이 나을 정도였습니다. 그런데도 누군가의 봉헌물이라 함부로 치우지도 못하고, 새로 구입하지도 못했던 씁쓸한 기억이 남아 있습니다.

아무리 비싸고 좋은 커피라고 해도 시간이 지나고 오래되면 맛이 변하고, 전혀 쓸모가 없어집니다. 좋은 커피일수록 맛이 변하기 전에 빠르게 내려서 마셔야 합니다. 보관만 한다고 맛이 좋아지지는 않습니다. 우리의 삶 속에서도 과감하게 버릴 것은 버리고, 정리할 것은 정리해야 합니다. 그래야 새 날이 옵니다.

당신은
커피 친구가 있습니까?

바리스타·목사의 신앙 레시피

나이가 들면, 젊은 시절 수없이 울리던 전화벨 소리가 점점 뜸해집니다. 함께 웃고 울던 친구들이 하나둘 세상을 떠나고, 문득 커피 한 잔을 나눌 사람이 없다는 사실을 깨달을 때, 노년의 깊은 외로움이 밀려옵니다. 먼저 떠난 친구들의 이름을 휴대폰 연락처에서 하나씩 지우다 보면, 어느새 나에게 친구가 없다는 사실을 실감하게 됩니다.

우리나라는 세계에서 가장 빠르게 고령화가 진행되는 나라 중 하나입니다.

2023년 통계청 자료에 따르면, 60세 이상 인구의 사회적 고립도는 40.7%에 달합니다.

이는 "아플 때 도와줄 사람이나 대화할 상대가 없다"고 느끼는 사람들의 비율로, 노년기의 정서적 고립이 얼마나 심각한지를 보여주는 수치입니다. 특히 혼자 사는 노인의 경우, 정서적 고립과 외로움은 삶의 만족도와 자존감에 큰 영향을 미치고 있습니다.

하지만 나이가 들어 노인이 되었더라도, 전화 한 통으로 "커피 한 잔 하자."고 부를 수 있는 친구가 한두 명이라도 있다면, 그는 여전히 행복한 노년을 살아가고 있는 것입니다.

친구는 단순히 시간을 보내는 동반자가 아니라, 나를 있는 그대로 받아주는 존재이며, 내 삶의 이야기를 함께 써 내려가는 사람입니다.

철학자 아리스토텔레스는 친구를 "하나의 영혼이 두 개의 몸에 깃든 것"이라 했고, 토마스 아퀴나스는 우정을 인간이 누릴 수 있는 가장 큰 선물이라고 말했습니다.

1819년, 괴테는 젊은 약리학자인 프리드리히 쥐르너에게 커피콩의 성분을 분석해 보라고 제안했습니다. 이 제안을 통해 세계 최초로 카페인이 분리되는 역사적인 발견이 이루어졌습니다. 괴테의 지적 호기심과 우정이 빚어낸 과학적 성과였습니다.

괴테는 또 다른 절친한 친구인 실러와도 자주 커피를 함께 마시며 문학적 담론을 나누었습니다. 실러가 세상을 떠난 후, 괴테는 "그의 책상 위에 놓인 커피잔이 아직도 눈에 선하다"고 말하며 깊은 그리움을 표현했습니다.

친구란 그런 존재입니다. 함께 특별한 일을 하지 않아도, 말없이 커피 한 잔을 마시는 것만으로도 큰 위로가 되는 사람입니다. 그러나 오늘날, 많은 노인들이 그런 일상의 위로를 점점 잃어가고 있습니다.

바로 이 지점에서 교회의 선교적 사명이 시작됩니다. 외로운 노인들의 친구가 되어주는 것입니다. 교회는 초고령사회에 접어든 이 시대에, 노인들과 커피 한 잔을 나누며 그들의 이야기를 들어주고, 함께 울고 함께 기도하며, 외로움과 단절을 위로하는 공동체가 되어야 합니다.

비록 나이가 들어 노인이 되었을지라도, 커피 한 잔을 함께 마실 수 있는 이웃이 있고, 친구 같은 교회가 있다면, 이 세상은 여전히 살만한 곳이 아닐까요?

지금 우리 주변에도 외롭고 쓸쓸함 속에서 힘겨워하는 누군가가 있을지 모릅니다. 그들에게는 단지 이야기를 들어줄 친구, 커피 한 잔을 함께할 누군가가 간절히 필요할지도 모릅니다. 용기 내어 다가가 그들의 '커피 친구'가 되어 주십시오.

버킷리스트와
루왁커피

베트남 여행 붐

최근에 베트남 여행 붐이 일고 있습니다. 인천공항에 가보면 베트남의 다낭, 나트랑, 호치민, 하노이 같은 유명한 여행지로 떠나는 항공편이 즐비합니다. 최근에는 '달랏'이 핫한 여행지로 부각되고 있습니다. 패키지여행을 떠나면 대부분 면세점 방문이 포함됩니다. 하지만 이러한 방문이 여행의 즐거움을 반감시키는 요소가 되기도 합니다.

패키지여행이 세계 3대 불가사의라 불릴 정도로 저렴한 이유는 여행 경비의 상당 부분을 면세점 쇼핑을 통해 보충하기 때문이며, 가이드의 수고비 또한 여기에서 마련되기 때문입니다.

상품의 가격을 미리 알고 있거나, 웬만한 마케팅 전략에도 흔들리지 않는 여행객이 아니라면 이 블랙홀 같은 쇼핑에서 벗어나기가 쉽지 않습니다. 충동적으로 물건을 구입하고 면세점을 떠나는 순간부터 후회가 밀려와도 이미 늦은 경우가 많습니다.

베트남 커피

베트남 여행에서도 이러한 경험은 예외가 아닙니다. 베트남이 자랑하는 대표적인 상품은 두 가지, 하나는 침향이고 또 하나는 커피입니다. 특히 '위즐커피'라는 이름으로 판매되는 커피가 면세점에서 (사실 정확히 따지면 면세점도 아닙니다) 여행객들의 눈길을 끕니다. 직원들은 상품을 홍보하기 위해 온갖 미사여구를 동원하고, 포장도 화려하게 꾸며 놓습니다. 생소한 분들은 그들의 말솜씨에 현혹될 수밖에 없습니다.

그러나 베트남 커피는 아무리 근사하게 포장해도 일반적으로 품질 좋은 커피로 분류되지는 않습니다. 최근 일부 농가에서 고품질의 커피를 생산하려는 노력이 이어지고 있지만, 대체로 우리가 접하는 베트남 커피는 저가의 로부스타 원두로 만들어집니다. 또한, 베트남 커피에서 연유를 사용하는 이유도 원두 고유의 쓴맛을 줄이기 위해서입니다.

그런데 제가 방문했던 면세점 직원은 베트남 커피가 세계에서 가장 비싼 커피라고 소개하며, 한 잔에 99,000원에 판매된다고 설명하였습니다. 사람들은 깜짝 놀란 표정을 지었고, 직원은 이에 덧붙여 영화 버킷리스트를 언급하며, 그 영화에 등장한 커피가 바로 베트남 위즐커피라고 자랑스럽게 소개하였습니다. 그러나 이는 명백한 오류입니다. 영화 버킷리스트에 등장한 커피는 베트남 커피가 아니라, 인도네시아의 루왁커피입니다.

버킷리스트

"버킷리스트(Bucket List)"라는 단어는 영화 버킷리스트 (The Bucket List, 2007)를 통해 널리 알려졌습니다. 하지만 이 표현의 기원은 중세 유럽에서 유래된 표현입니다.

"킥 더 버킷(Kick the Bucket)"이라는 표현은 사람이 양동이를 발로 차서 생을 마감한다는 의미로 사용되었으며, 여기에서 착안하여 '죽기 전에 반드시 해보고 싶은 일들의 목록'을 '버킷리스트'라 부르게 되었습니다. 오늘날 이 개념은 전 세계적으로 통용되며, 많은 분들이 이를 통해 삶의 목표를 정리하고 실천할 계기를 마련하고 있습니다.

2017년 개봉된 영화 버킷리스트(잭 니콜슨, 모건 프리먼 주연)에서는 두 명의 말기 환자가 죽음을 앞두고 자신들의 버킷리스트를 하나씩 실현해 나갑니다. 그 과정에서 두 사람은 단순히 여행을 즐기는 것이 아니라, 삶의 의미를 다시금 깨닫고 소중한 순간들을 마주하게 됩니다. 이 작품은 "삶을 후회 없이 살아가라"는 강렬한 메시지를 전하며, 많은 이들에게 깊은 감동을 주었습니다.

음악에서도 유사한 주제를 찾아볼 수 있습니다. 팀 맥그로(Tim Mc-Graw)의 "Live Like You Were Dying"은 "오늘이 인생의 마지막 날이라면, 나는 어떻게 살 것인가?"라는 질문을 던집니다. 현재를 소중히 여기고 사랑하라는 가사 속에는 삶을 대하는 태도에 대한 깊은 통찰이 담겨 있습니다.

버킷리스트는 단순한 소망 목록이 아니라, 인생을 더욱 의미있게 만들어 주는 실천적 철학입니다.

루왁커피

버킷리스트라는 영화에서 주인공은 인생에서 반드시 한 번쯤 마셔봐야 할 커피가 있다면, 그중 하나는 단연 루왁커피(Kopi Luwak)라고 말합니다. 세계에서 가장 희귀하고 고가의 커피로 알려진 루왁커피는 독특한 생산 방식과 풍미로 많은 커피 애호가들의 관심을 받고 있습니다.

루왁커피는 인도네시아에서 유래한 특별한 커피입니다. 야생 족제비(루왁)가 잘 익은 커피 체리를 먹고, 소화 과정을 거친 후 배설된 원두를 수확하여 가공하는 방식으로 만들어집니다.

루왁의 위장에서 자연 발효된 원두는 일반 커피보다 더욱 부드럽고 깊은 풍미를 지닌다고 합니다.

루왁커피는 희귀성과 독특한 맛으로 인해 많은 사람들의 '버킷리스트'에 오르곤 하지만, 최근 들어 동물 복지 문제로 인해 윤리적 논란이 제기되고 있습니다. 자연에서 채집한 원두가 아니라, 인위적으로 사육된 루왁에게 강제로 커피 체리를 먹이는 방식이 도입되면서 동물학대 이슈가 생긴 것입니다. 따라서 루왁커피를 경험하고자 한다면, 윤리적인 방식으로 생산된 제품을 선택하는 것이 중요합니다.

버킷리스트는 단순한 소망 목록이 아니라, 우리의 삶을 더욱 가치 있게 만들어 주는 목표입니다. 언젠가 인생의 마지막 커피 한 잔을 마시는 순간이 온다면, 어떤 커피를 선택하시겠습니까? 루왁커피처럼 희귀한 커피일 수도 있고, 오래된 친구와 함께 마시던 익숙한 커피 한 잔일 수도 있습니다. 중요한 것은 그 커피 한 잔 속에 담긴 삶의 이야기와 추억이 아닐까요?

사랑하는 이들과 함께 향기로운 커피 한잔을 마시면서 나만의 버킷 리스트를 만들어보시면 좋을듯 합니다. 특히 그 버킷리스트 안에 우리를 향한 하나님의 꿈이 담기면 참 좋겠습니다.

PART 4

커피는 정말
건강에 좋은가

존 웨슬리의
커피일기

존 웨슬리의 일기 중에서

1739년 어느 날, 말을 타고 수십 마일을 달려 복음을 전하였다. 들판을 가로지르며 하나님의 말씀을 선포할 때마다, 내 심령은 뜨겁게 타오르고, 육신은 피곤으로 기운을 잃는다. 그러나 나는 이 연약한 육체를 억누르거나 무시하려 하지 않는다. 주께서 내게 맡기신 사명을 감당하기 위하여, 나는 몸과 마음을 깨어 있도록 지켜야 함을 배운다.

아침 일찍 기도 후, 나는 뜨거운 커피 한 잔을 마셨다. 정신이 맑아지고, 무기력하던 생각이 다시금 생기를 얻는다. 나는 『Primitive Physic』에서 기록했듯, 졸음이나 침체된 영혼을 깨우는 데 이 음료가 도움이 됨을 안다.

"커피 한 잔이 정신을 맑게 하고 신경을 자극할 수 있다."

허나 나는 언제나 경계한다. 커피라 할지라도, 그것이 내 영혼을 흐리게 하고, 습관이 되어 나를 지배하게 된다면, 그것은 주의 뜻이 아닐 것이다. 나는 기록하였다.

"Coffee and tea are extremely hurtful to persons who have weak nerves."

커피와 차는 신경이 약한 이들에게 극히 해롭다. 그렇다. 모든 것은 하나님의 영광을 위해서, 절제와 분별 가운데 사용되어야 한다. 나는 커피를 단지 기호의 음료로 여길 수 없다. 그것은 기도의 벗이며, 때론

지친 사역자의 영혼을 일으키는 조용한 친구가 된다. 하나님께서 지으신 창조물들―음식과 약초, 그리고 이 커피 한 잔조차―그분의 선하신 목적을 따라 활용되어야 마땅하다. 몸과 마음과 영혼, 이 셋이 조화를 이룰 때, 나는 더욱 온전히 주의 일에 헌신할 수 있다.

오늘도 피곤한 오후, 커피 한 잔을 앞에 두고 이렇게 기도드린다.

"주여, 이 한 잔을 통해 제 마음을 다시 일으켜 주소서.

주의 뜻을 향해 나아갈 수 있도록,

제 육신과 정신에 새 힘을 주소서."

나의 삶, 나의 음료, 나의 모든 습관이 오직 주님의 영광을 위한 것이 되기를 바란다.

첨가하는 말

이 글에 담긴 웨슬리의 일기는, 존 웨슬리의 저서 『Primitive Physic(원시 의학)』를 바탕으로 창작된 허구임을 밝힙니다.

필자는 존 웨슬리의 시대, 18세기 영국에서 커피가 매우 인기를 끌었다는 역사적 사실에 주목하게 되었습니다. 옥스퍼드 대학교에도 이미 카페가 존재했다는 것을 확인하면서, 자연스럽게 웨슬리가 커피를 알았는지, 혹은 직접 마셨는지에 대한 궁금증이 생겼습니다. 나아가 그가 커피에 대해 어떤 관점을 가졌는지, 실제로 사용했다면 어떤 목적으로 사용했는지를 탐구하고자 하였습니다.

그러한 탐색 중, 영국 브리스톨에 있는 뉴룸(New Room)을 방문하게 되었고, 그곳에서 존 웨슬리 목사의 유품을 직접 살펴볼 기회를 얻게 되었습니다. 뉴룸은 웨슬리가 설교했던 장소이자, 병자를 돌보고 빈민을 구제하며 어린이 교육을 위해 사용되었던 사역의 중심지입니다. 이곳에서 웨슬리는 건강 안내서인 『Primitive Physic』을 집필하고 배포하기도 했습니다.

유품 중 특히 흥미로웠던 것은 '커피통'이었습니다. 이는 웨슬리가 커피를 인식하고 실제로 사용했을 가능성을 강하게 시사하는 물건이었습니다. 『Primitive Physic』에는 졸음이나 무기력, 우울감, 두통, 소화불량 등 일상적인 증상에 대한 자연요법과 민간요법이 수록되어 있는데, 커피에 대해서도 다음과 같이 언급되어 있습니다.

"졸음이 심하거나 무기력할 때 커피 한 잔은 정신을 맑게 하고 신경을 자극할 수 있다. 또한 우울하거나 활력을 잃었을 때 커피는 정신을 각성시키는 데 도움이 된다. 변비나 소화불량에도 일정한 효과가 있다."

하지만 웨슬리는 동시에 커피의 과도한 섭취에 대해 이렇게 경고합니다.

"커피와 차는 신경이 약한 사람에게는 매우 해롭다."

(Coffee and tea are extremely hurtful to persons who have weak nerves.)

웨슬리에게 커피는 단순한 기호식품이 아니라, 하나님의 선한 창조물 가운데 하나였습니다. 그는 하나님께서 주신 자원을 분별력 있게 사용할 때, 그것이 복음 사역에 유익한 도구로 쓰일 수 있다고 믿었습니다. 커피조차도 영혼과 육신을 돌보는 도구가 될 수 있다는 웨슬리의 시선은, 그가 가진 신앙과 사역 철학의 깊이를 보여주는 중요한 단서라 할 수 있습니다.

통풍과 커피,
그리고 찰스 스펄전 목사

커피는 오늘날 우리 삶에서 떼려야 뗄 수 없는 친숙한 음료입니다. 그러나 그만큼 커피가 건강에 미치는 영향에 대해서는 오랜 시간 동안 다양한 연구가 이어져 왔습니다. 커피가 과연 건강에 이로운가, 혹은 해로운가에 대한 논쟁은 수십 년간 학자들 사이에서 지속되어 왔고, 이를 규명하기 위한 실험 사례들도 존재합니다.

그중 한 가지 흥미로운 일화는 스웨덴의 구스타프 3세 국왕이 주도한 실험입니다. 그는 사형수였던 일란성 쌍둥이를 대상으로, 한 명에게는 평생 커피만, 다른 한 명에게는 차(tea)만 마시게 하여 누가 더 오래 사는지를 지켜보려 했습니다. 결과는 어땠을까요? 놀랍게도 커피를 마신 죄수가 차를 마신 형제보다 오래 살았고, 차를 마신 사람도 85세까지 생존한 것으로 알려졌습니다. 아이러니하게도 이 실험을 계획했던 구스타프 3세는 실험 결과를 보기도 전에 암살로 생을 마감하게 됩니다.

통풍과 커피의 상관관계: 예방과 주의 사이

통풍은 요산(uric acid)이 체내에 과도하게 축적되어 관절에 염증을 유발하는 대사성 질환입니다. 일반적으로 퓨린(purine)이 풍부한 음식의 과다 섭취, 또는 신장 기능 저하로 인해 요산 배출이 원활하지 않을 때 발생합니다. 이 질환은 고통이 극심하여, 산모의 출산 고통에 비견될 정도로 평가되며, '통풍(痛風)'이라는 명칭 자체도 '바람만 스쳐도 아프다'는 의미를 담고 있습니다.

그리고 이 질병으로 평생 고통을 겪은 대표적인 인물 중 한 사람이 바로 찰스 스펄전(Charles H. Spurgeon) 목사입니다.

찰스 스펄전 목사와 통풍

19세기 영국을 대표하는 복음주의 설교자 스펄전은 '설교의 황태자'라 불릴 만큼 뛰어난 설교자였습니다. 그러나 그는 신체적으로는 매우 연약한 인물이었습니다. 35세 무렵부터 통풍, 신경통, 신장 질환 등 다양한 만성 질환을 앓고, 때로는 강단에 서는 것조차 어려울 만큼 극심한 고통에 시달렸습니다.

그럼에도 불구하고 그는 병상에서도 설교 원고를 쓰고, 목회 서신을 남기며 수많은 이들에게 하나님의 위로와 진리를 전했습니다. 그는 자신의 고통을 '하나님께서 허락하신 연단의 도구'로 받아들였고, 그 약함 속에서 더욱 깊이 하나님의 은혜를 깨달았다고 고백합니다.

스펄전 목사는 커피를 즐겨 마셨던 것으로도 알려져 있습니다. 그는 아침마다 커피 한 잔과 함께 하루를 묵상으로 시작하였고, 때로는 통풍으로 인해 움직일 수 없는 날에도 커피를 곁에 두고 성경을 묵상하며 설교를 집필했다고 전해집니다. "나는 커피를 마시며 하나님의 은혜를 묵상한다"는 말처럼, 커피는 그의 목회 여정에 있어 소박하지만 중요한 동반자였습니다.

하지만 여기서 한 가지 궁금증이 생깁니다. 매일 마시던 커피가 과연 그의 고질병인 통풍에 어떤 영향을 미쳤을까 하는 점입니다.

커피와 통풍: 과학적 시선에서 본 이중성

커피는 통풍과 관련하여 매우 흥미로운 이중적 특성을 지닌 음료입니다. 다수의 연구에 따르면 커피는 요산 수치를 낮추는 데 긍정적인 영향을 미칠 수 있다고 보고됩니다. 실제로 2007년 하버드 보건대학원의 대규모 역학조사에 따르면, 하루 4~6잔 이상의 커피를 마신 남성은 통풍 발병 위험이 약 40%가량 낮아졌다는 결과가 있었습니다. 이는 커피에 포함된 클로로겐산(chlorogenic acid)과 같은 항산화 물질, 그리고 인슐린 감수성 개선 효과가 복합적으로 작용한 것으로 해석됩니다.

하지만 중요한 예외가 있습니다. 바로 '통풍 발작기(acute flare)'입니다. 이 시기에 커피를 마실 경우, 오히려 이뇨작용으로 인해 체내 수분이 빠르게 소실되며, 이는 요산 농도를 급격히 높이고 관절 내 결정체 형성을 유도할 수 있습니다.

카페인은 신장을 자극해 일시적으로 소변량을 늘리는 효과가 있기 때문에, 발작기에는 충분한 수분 섭취 없이 커피만 마시는 것을 지양해야 합니다.

커피, 요산 결정체를 녹일 수 있을까?

그렇다면 커피 속에 요산 결정체를 직접 녹이는 성분이 있을까요? 아직까지 과학적으로 명확하게 규명된 성분은 없습니다. 그러나 간접적인 효과를 기대할 수 있는 몇 가지 성분은 있습니다.

- 클로로겐산(Chlorogenic acid): 커피에 풍부하게 들어 있는 항산화 물질로, 인슐린 저항성을 완화하고 요산 대사 개선에 기여할 수 있습니다.
- 카페인(Caffeine): 일시적인 이뇨작용을 통해 요산 배출을 촉진할 수 있으나, 과도한 섭취는 신장에 부담을 줄 수 있어 주의가 필요합니다.

- 마그네슘(Magnesium): 커피에 소량 포함된 미네랄로, 요산 결정을 간접적으로 완화하는 데 도움이 될 수 있다는 연구도 있습니다.

결론적으로, 커피는 요산을 직접 '녹이는' 약물은 아니지만, 적절한 섭취는 요산 수치 조절과 통풍 예방에 도움이 되는 생활습관 요소로 평가받고 있습니다. 단, 통풍 발작기나 신장 기능 저하가 있는 경우에는 반드시 의료 전문가의 조언을 따르는 것이 필요합니다.

마무리하며

찰스 스펄전 목사에게 있어 커피는 단순한 기호식품이 아니라, 그의 고통과 묵상, 그리고 사명을 함께한 동반자였습니다. 우리 역시 커피 한 잔을 대할 때, 그것이 우리 몸과 마음, 그리고 영혼에 어떤 울림을 주는지를 생각해 보는 것은 어떨까요?

창조주의 선물, 커피.
현대판 불로초?

노화는 인류가 피할 수 없는 삶의 여정입니다. 그러나 그 여정 속에서도 우리는 보다 활기차고 건강한 삶을 추구하며, 다양한 방법으로 생명력을 유지하려 애써왔습니다. 불로장생을 꿈꾸며 전설의 '불로초'를 찾아 전 세계를 떠돌았던 진시황제의 이야기는, 지금도 우리에게 깊은 인상을 남깁니다.

그런데 혹시, 그토록 찾아 헤맸던 불로초가 오늘날 우리 일상 속에서 손쉽게 접하는 커피 한 잔에 담겨 있었다면 믿을 수 있으시겠습니까? 최근 발표된 국내외 연구들은 커피가 단순한 기호식품을 넘어, 노화 예방에 실질적인 효과를 줄 수 있음을 시사하며 '현대판 불로초'로서의 가능성을 열어 보이고 있습니다.

커피와 노화 예방, 과학이 밝히는 관계

네덜란드 암스테르담 자유대학교의 마르그리트 올토프(Margreet Oltrop) 교수 연구팀은 55세 이상 성인 1,161명을 대상으로 7년간 장기 추적 연구를 진행하였습니다. 그 결과는 매우 흥미롭고도 주목할 만합니다.

해당 연구는 '유럽영양학회지(European Journal of Nutrition)'에 게재되었으며, 커피를 하루 4잔 이상 마신 그룹은 그렇지 않은 그룹에 비해 노화(frailty) 위험이 무려 64%나 낮은 것으로 나타났습니다. 심지어 하루 6

잔 이상 마신 그룹에서도 유사한 결과가 확인되었으며, 특히 근력 약화(손아귀 악력 저하)와 비자발적 체중 감소와 같은 주요 노화 지표에서 뚜렷한 개선 효과가 관찰되었습니다.

이러한 건강상의 이점은 커피에 함유된 카페인, 폴리페놀, 클로로겐산 등 다양한 생리활성물질의 복합적 작용에 기인한 것으로 보입니다. 이들은 강력한 항산화 및 항염 효과를 통해 근감소증, 신경내분비 이상, 염증 등과 같은 노쇠 관련 질환의 위험을 줄이는 데 기여하는 것으로 분석됩니다.

특히 주목할 점은, 디카페인 커피에서도 유사한 효과가 확인되었다는 사실입니다. 이는 커피의 건강 효과가 단순히 카페인만이 아니라, 다양한 유익 성분들이 조화를 이루는 결과임을 보여주고 있습니다.

건강수명을 향한 일상의 습관

비슷한 맥락에서, 포르투갈 코임브라대학교의 로드리고 쿠냐(Rodrigo Cunha) 교수는 학술지 〈노화 연구 리뷰(Ageing Research Reviews)〉에 발표한 논문을 통해 커피 속 생리활성물질이 염증을 감소시키고, 인슐린 민감성을 높이며, 신경계를 보호하는 데 유익한 영향을 준다고 평가하였습니다. 또한, 스페인에서 진행된 45세 이상 성인을 대상으로 한 코호트 연구에서는, 하루 4잔 이상의 커피를 섭취한 이들이 사망률이 64%까지 낮아지는 경향을 보인 것으로 나타났습니다. 이는 커피가 단순한 기호를 넘어서 삶의 질과 건강한 수명을 위한 실질적인 도구가 될 수 있음을 시사합니다.

오랜 역사 속 약재로서의 커피

커피는 그 역사 속에서도 단순한 음료 이상의 가치를 지녀왔습니다. 커피의 기원지로 알려진 에티오피아에서는 커피를 '분쿰(Bunum)'이라 부르며, 마시기 전에 신성한 예식을 치르곤 했습니다. 이로부터 커피가 단순히 갈증을 해소하는 음료가 아닌 영성과 의식이 담긴 존재였음을 알 수 있습니다.

또한, 중세 이슬람 의학의 거장이자 페르시아 출신의 철학자이자 과학자인 '이븐 시나(Ibn Sina, Avicenna, 980 - 1037)'는 그의 저서 『의학 정전(The Canon of Medicine)』에서 커피를 의약적 효능이 있는 식물로 기술하였습니다. 이 책은 중세 유럽과 이슬람 세계에서 수세기 동안 의학교과서로 사용될 정도로 큰 영향을 미쳤으며, 커피는 그 속에서 질병의 예방과 치료에 기여하는 귀한 약재로 다루어졌습니다.

건강한 노년을 위한 선택, 커피

오늘날 우리는 건강한 노년을 위해 각종 영양제를 섭취하고, 규칙적인 운동을 실천하며, 균형 잡힌 식사를 위해 노력합니다. 또한 피부노화를 늦추기 위한 기능성 화장품을 사용하고, 심지어는 바이오 기술을 통해 생명의 연장을 모색하기도 합니다.

이러한 노력들 가운데 커피는 가장 일상적이며 자연스러운 선택지 중 하나입니다. 물론, '과유불급(過猶不及)'이라는 말처럼 과도한 섭취는 오히려 해로울 수 있으므로, 하루 3~4잔 내외의 적정 섭취량을 지키는 것이 바람직하겠습니다.

그럼에도 불구하고, 커피가 우리 건강에 긍정적인 영향을 미치며 노화의 속도를 늦추는 데 도움이 되는 식품이라는 사실은 점점 더 많은 과학적 증거들에 의해 뒷받침되고 있습니다.

창조주 하나님의 선물, 커피

이제 우리는 커피 한 잔을 마실 때마다 단순한 기호 이상의 의미를 되새길 수 있을 것입니다. 그 한 모금 안에는 기분 전환의 여유와 함께, 건강을 지키고 삶을 풍요롭게 하는 지혜가 담겨 있습니다.

커피는 창조주 하나님께서 인류를 위해 준비해주신 선물이며, 어쩌면 오늘을 살아가는 우리를 위해 마련해주신 불로초일지도 모르겠습니다.

환경과
커피 한 잔

설 연휴에는 거의 다 맛있는 음식들을 많이 드십니다. 더 맛있어 보이려면 격에 맞는 그릇에 담아 내놓기도 합니다.

음식은 그릇의 발전을 가져왔습니다. 고대인들은 단순히 곡식을 담아둘 것이 필요했던 나머지 흙을 빚어서 간단하게 구운 그릇을 사용했습니다. 여기에 간단한 디자인을 더한 것이 빗살무늬 토기이고, 여기에 편리함을 더해 흙에 꽂아 쓸 수 있도록 밑바닥을 뾰족하게 만들었습니다. 이렇게 그릇의 모양은 사용자의 필요에 따라 변형되었는데, 국물을 끓이거나 여러 번 반복해서 사용하기 위해서 그릇을 강한 불에 구워 견고하게 만드는 도자기가 출현했습니다.

과거 우리 조상들은 세계에서 가장 도자기를 잘 만드는 기술력을 가지고 있었습니다. 오늘날로 비유하자면 AI나 반도체 기술과 같은 첨단 기술력을 갖고 있었습니다. 고려의 청자와 조선의 백자는 일본이 부러워했던 세계적인 문화유산으로, 일본이 임진왜란 당시에 조선의 도자기 기술자들을 강제로 끌고 간 이유도 사실 그릇을 만드는 기술을 훔치기 위함이었다는 말이 있습니다. 따라서 학계에서는 임진왜란을 도자기 전쟁이라고 부르기도 합니다. 조선의 수많은 도공들이 전란에 일본으로 강제로 끌려가서 살게 되었는데, 이때부터 일본의 도자기 기술이 비약적으로 발전하게 되었고 유럽의 각종 대회에서 조선의 도예가들이 제작한 도자기가 각종 상을 휩쓸었다고 합니다. 이것이 미개한

섬나라 일본이 세계에 문화 민족으로 탈바꿈하여 소개된 계기였고, 근대화를 앞당기는 시발점이었다고 합니다.

게오르그 콜시츠키(Georg Kolschitzky)가 오스트리아 빈에서 유럽 최초의 카페를 오픈했을 때 그들이 사용했던 커피잔은 아마도 터키식 커피잔이었을 것입니다. 하지만 머지않아 유럽인들은 동양의 도자기 잔에 커피를 담아 마시는 것을 최고의 멋으로 생각하게 되었습니다. 오스트리아 빈의 합스부르크 왕가 박물관에 가보면 당시에 커피를 즐기는 데 사용했던 동양의 도자기 잔들이 전시되어 있습니다. 대한 제국의 고종 황제께서 커피를 즐겨 마셨다는 것은 익히 알려진 사실인데, 경복궁에 지은 서양식 건물인 정관헌(靜觀軒)에서 황제가 커피를 마실 때 사용했던 잔도 우아한 조선백자가 아니었을까 상상해 봅니다.

음료에는 저마다 어울리는 그릇이 있습니다. 국은 국그릇에, 커피는 커피잔에 마셔야 합니다. 잘못된 그릇의 선택은 커피의 맛과 향을 느끼지 못하도록 방해하기 때문에 잔을 잘 선택하는 것은 향미와 맛을 제대로 느끼기 위해서 정말 중요한 일입니다.

하지만 아쉽게도 오늘날 대한민국의 커피 시장에서 가장 가볍게 취급되는 것이 바로 그릇입니다. 커피가 자판기에서 종이컵에 나오기도 하고, 하루에도 셀 수도 없을 정도로 많은 음료들이 일회용 컵에 담겨져 소비되고 있습니다. 과거에는 카페에서 종이나 비닐 소재로 만든 컵을 사용했습니다. 하지만 이제는 '일회용컵 사용규제법'에 의해서 테이크 아웃 주문시에만 일회용 컵을 사용할 수 있습니다.

일회용 종이컵의 가격을 환산해 보면 커피 한 잔에 차지하는 비용이 적지 않습니다. 비용도 비용이지만 일회용 컵은 심각한 환경 문제를 일으킵니다. 그 컵들을 만들기 위해서 수많은 나무들이 잘려나갑니다. 사람들이 마시고 버린 일회용 컵들은 환경을 파괴하는 쓰레기가 됩니다.

커피 한 잔을 종이컵에 담아서 마실 때 그 컵을 만들기 위해 잘려져 나간 나무를 생각하고 환경을 생각한다면 아무렇지도 않게 사용하기는 힘들지 않겠습니까?

일회용 커피잔은 커피의 맛에도 건강에도 부정적인 영향을 미치기 때문에 피해야 합니다. 뜨거운 아메리카노 한 잔이 테이크아웃 잔에 담길 때 그 열수의 온도는 대략 90도에서 95도 정도가 됩니다. 문제는 이때 발생됩니다. 일회용 잔은 플라스틱으로 만들어져 있거나, 종이컵이라도 물이 새지 않도록 비닐로 코팅이 되어 있을 뿐만 아니라 종이를 접착하기 위해 접착제도 사용합니다. 문제는 뜨거운 물이 부어지는 순간 비닐 성분과 접착제가 열기에 녹아 나오며 비닐이 타는 화학적인 냄새와 함께 환경 호르몬이 나온다는 것입니다. 아무리 좋은 커피 재료를 사용해도 이런 컵에 담긴 음료는 건강에 좋을 수가 없습니다.

커피의 맛과 향미를 생각한다면 머그잔이나 도자기 잔에 마시는 습관을 갖는 것이 좋습니다. 교회에 개인 컵이나 공용 머그컵을 비치해 놓고 사용하고, 혹시 카페에서 커피를 '테이크 아웃'을 해야만 한다면 자신의 텀블러를 가져가서 사용하도록 하면 좋겠습니다. 이것이 커피의 맛과 환경, 그리고 지구의 미래와 본인의 건강도 지키는 좋은 습관이라고 할 수 있겠습니다.

"폭삭 속았수다"와
커피의 산미

최근 제주도를 배경으로 한 드라마가 많은 이들의 사랑을 받으며 '폭 삭 속았수다'라는 다소 생소한 제목으로 주목받았습니다. 이는 제주도 방언으로 "수고 많으셨습니다"라는 뜻이라고 합니다. 정감 있고도 고 마운 인사말이지요.

제주도를 떠올리면 예전에는 '돌, 바람, 여자'라는 말이 회자되곤 했 습니다. 과거에 제주도는 부곡 하와이, 수안보 온천과 함께 오랜 시간 신혼여행지로도 인기가 많았습니다. 오늘날에는 뭐니 뭐니 해도 '귤'이 제주도의 대표 이미지로 떠오릅니다.

귤을 생각하면 저절로 입에 침이 고입니다. 신맛이 연상되기 때문입 니다. 그런데 사람들은 일반적으로 '신맛'에 대해 부정적인 인식을 가 지고 있습니다. 음식에서 신맛이 난다면 "혹시 상한 건 아닐까?" 하는 의심부터 합니다. 이는 신맛이 오랜 세월에 걸쳐 부패(腐敗)의 신호로 인식되어 왔기 때문입니다.

쓴맛도 마찬가지입니다. 조상적부터 우리는 쓴맛을 독성의 경고로 받아들여 왔습니다. 그러나 흥미롭게도, 이 두 가지 '신맛'과 '쓴맛'이 공존하는 대표적인 음료가 바로 커피입니다.

최근에 카페에서 커피를 마시면서 신맛을 느껴보신 적이 있으셨을 것입니다. 많은 사람들이 커피에서 신맛이 나면 어색함을 느끼고, 심 지어 '이 커피 상한 거 아닌가?'라고 생각하기도 합니다. 하지만 커피에서 나는 신맛은 결코 상했기 때문이 아니라 고급 품종인 아라비카 커피 원두의 특징입니다.

사실, 커피는 콩이 아니라 '과일'입니다. 우리가 마시는 커피는 커피 나무의 씨앗인 생두를 볶은 것이며, 커피 열매의 과육은 가공 과정에서 제거됩니다. 그 씨앗에는 다양한 과일 유래의 산(acid)이 자연스럽게 포함되어 있어, 그로 인해 커피에서 신맛이 나는 것이지요.

커피 속 산미의 과학

커피에 들어 있는 주요 산을 간단히 소개해드리겠습니다. 아래는 커피의 산미를 구성하는 주요 유기산들입니다.

- 클로로겐산(Chlorogenic Acid): 가장 풍부하게 존재하는 항산화 성분으로, 로스팅 과정에서 분해되어 쓴맛을 유발하는 퀴닉산과 카페인산으로 전환됩니다.
- 시트릭산(Citric Acid): 귤, 오렌지 같은 감귤류에 포함된 산으로, 상큼하고 생기 있는 산미를 제공합니다.
- 말릭산(Malic Acid): 사과에 들어 있는 산으로, 신선하고 청량한 산미를 부여합니다.
- 타르타르산(Tartaric Acid): 포도나 와인에서 주로 발견되며, 은은한 포도향과 산미의 배경이 될 수 있습니다.
- 아세트산(Acetic Acid): 식초의 주요 성분으로, 적당하면 산뜻한 발효감을 주지만 과하면 자극적일 수 있습니다.

- 락틱산(Lactic Acid): 유산균 발효로 생성되어, 커피에 부드럽고 크리미한 질감을 더해줍니다.
- 퀴닉산과 카페인산: 로스팅 시 클로로겐산의 분해로 생기며, 신맛보다는 쓴맛의 배경이 됩니다.

이처럼 커피의 산미는 다양한 과일과 발효에서 기인한 자연스러운 성분이며, 항산화 효과를 통해 건강에도 긍정적인 영향을 미칠 수 있습니다. 다만, 오래된 커피에서 나는 신맛으로 주로 초산(아세트산)이나 과산화로 인한 산패한 향은 예외적으로 피하는 것이 좋습니다.

신맛, 두려워하지 말고 즐기십시오

결론적으로 말하자면, 신선한 고산지대 아라비카 커피를 강하지 않게 중간 정도의 밝기로 로스팅한 커피는, 상큼한 과일의 산미와 향을 느낄 수 있고, 이런 커피는 건강에도 매우 유익합니다. 시트러스 계열의 산미는 마치 귤을 한입 베어 문 듯 상큼하고 기분 좋은 여운을 남깁니다. 사람들은 커피의 쓴맛을 당연하게 여기면서도 신맛에 대해서는 거부감을 두곤 합니다. 하지만 이제는 커피의 산미를 하나의 '미각의 층위'로 받아들이고, 더욱 풍성하게 즐겨보시기를 권해드립니다.

상큼한 감귤같은 성도

교회 공동체도 마찬가지입니다. 묵직하고 진국 같은 성도들이 큰 기

등의 역할을 하기도 하지만 거기에 감귤처럼 상큼하고 밝은 미소, 유쾌한 유머로 분위기를 환기시켜주는 성도들이 있다면 교회는 더 밝고 따뜻하고 행복해질 수 있습니다.

끝까지 마시는 커피,
마시다가 버리는 커피

혹시 여러분은 커피를 마시다가 맛이 없어서 남긴 경험이 있으신가요? 반면에 커피가 정말 맛있어서 끝까지 마신 기억도 아마도 있으실 겁니다.

커피 한잔 속에는 다양한 '향기 물질'이 들어있고 녹아있는 성분들 때문에 쓴맛, 단맛, 신맛, 짠맛의 맛이 느껴질 수 있습니다. 어떤 종류의 커피는 쓴맛이 강하고, 다른 커피는 산미가 강하기도 합니다.

내가 마신 커피가 맛있다고 느껴진다면 이런 다양한 성분들이 잘 어울려 있다는 의미가 됩니다. 커피를 평가할 때 커피의 맛을 결정짓는 중요한 맛이 있는데 그것을 '우마미'(uma-mi)라고 합니다.

이 용어는 일본 말에서 유래한 것으로 '맛있는 맛'이라는 뜻이고, 우리 말로 번역하자면 감칠맛 정도가 됩니다. '우마미'는 세계에서 통용되는 용어로 1908년 일본의 과학자 '이케다 키쿠나에(池田菊苗)'가 처음으로 발견하여 소개한 다섯 번째 기본 맛입니다. 그는 글루탐산이 우마미 맛을 내는 성분이라는 사실을 밝혀냈습니다.

만약에 한 잔의 커피 속에 감칠맛이 없다면 입안에서 쓴맛, 단맛, 신맛이 제각기 따로 놀아서 균형이 없는 커피가 되고 말 것입니다. 일반적으로 커피는 각각의 맛의 뉘앙스가 약하던지, 하나의 맛이 지나치게 강해 자극적인 커피는 좋은 커피라고 할 수 없습니다. 그래서 감칠맛이 중요합니다.

나쁜 커피는 좋은 향이나 맛이 나지 않고 나쁜 냄새와 맛이 느껴지는 것들입니다. 커피 로스팅을 잘못 했든지, 아니면 보관 기간이 지나치게 길어지면 커피 속의 좋은 향이 나쁜 향으로 변합니다. 그것은 커피 원두 속의 기름 성분이 공기와 만나 산패되기 때문입니다.

커피 원두 속에 걸러지지 않은 결점두(defect)가 많이 있으면 나쁜 맛과 향이 나고, 심지어 독성물질들이 있어서 건강에 해롭기까지 합니다. 최근에 국내 한 커피생두 수입회사가 에티오피아에서 수입한 '생두'(Green Bean)에서 곰팡이 독소인 오크라톡신이 발견된 일이 있었습니다. '생두'를 축축한 곳에 잘못 보관해서 곰팡이가 생기면 오크라톡신이라는 물질이 생깁니다. 이것은 특히 간암을 일으키는 독성물질인데, 400도 고온으로 가열해도 사라지지 않아서 '커피생두'에는 절대 있어서는 안 되는 것입니다. 결국 이 커피는 통관되지 못하고 왔던 곳으로 돌아갔습니다.

커피를 한 모금 입에 머금었는데 너무 맛있고 매력이 있어서 끝까지 마시는 커피가 있다면 그것은 정말 좋은 커피라고 할 수 있습니다. 한 모금 마시고는 너무 끔찍하고 불쾌한 맛이 느껴져서 남기게 되는 커피는 나쁜 커피입니다.

좋은 커피는 처음 입을 대는 순간부터 끝까지 향기롭고 맛있습니다. 좋은 커피는 식어도 맛있습니다.

교회와 커피는 공통점이 많습니다. 앞으로 차근차근 커피와 교회 이야기를 풀어보도록 하겠습니다. 교회는 그리스도의 향기가 가득해야 하고 성도는 매력이 있어야 합니다. 한 번 마시기 시작하면 너무 맛있어서 끝까지 마시게 되는 커피처럼 교회가 그렇게 맛있는 공동체가 되면 좋겠습니다. 교회에 방문한 사람들이 처음 느낀 멋진 그리스도의 향기와 맛에 감동하여, 그 교회를 평생 섬기며 예배하게 되는 그런 교회를 만들어 가면 정말 좋겠습니다.

교회에는 쓴맛 나는 성도도 있고, 단맛과 신맛, 짠맛 나는 교인들도 있습니다. 하지만 이 맛들의 균형을 잡아주는 감칠맛 나는 교인이 있다면 그 교회는 정말 맛있는 교회가 될 것입니다.

사도바울은 고린도교회를 향해 보낸 두 번째 편지에서 이렇게 말씀합니다.

"우리는 구원받는 사람들에게나 멸망하는 사람들에게나 하나님 앞에서 그리스도의 향기입니다."(고후2:15, 우리말성경)

PART 5

커피가
교회를 만나면

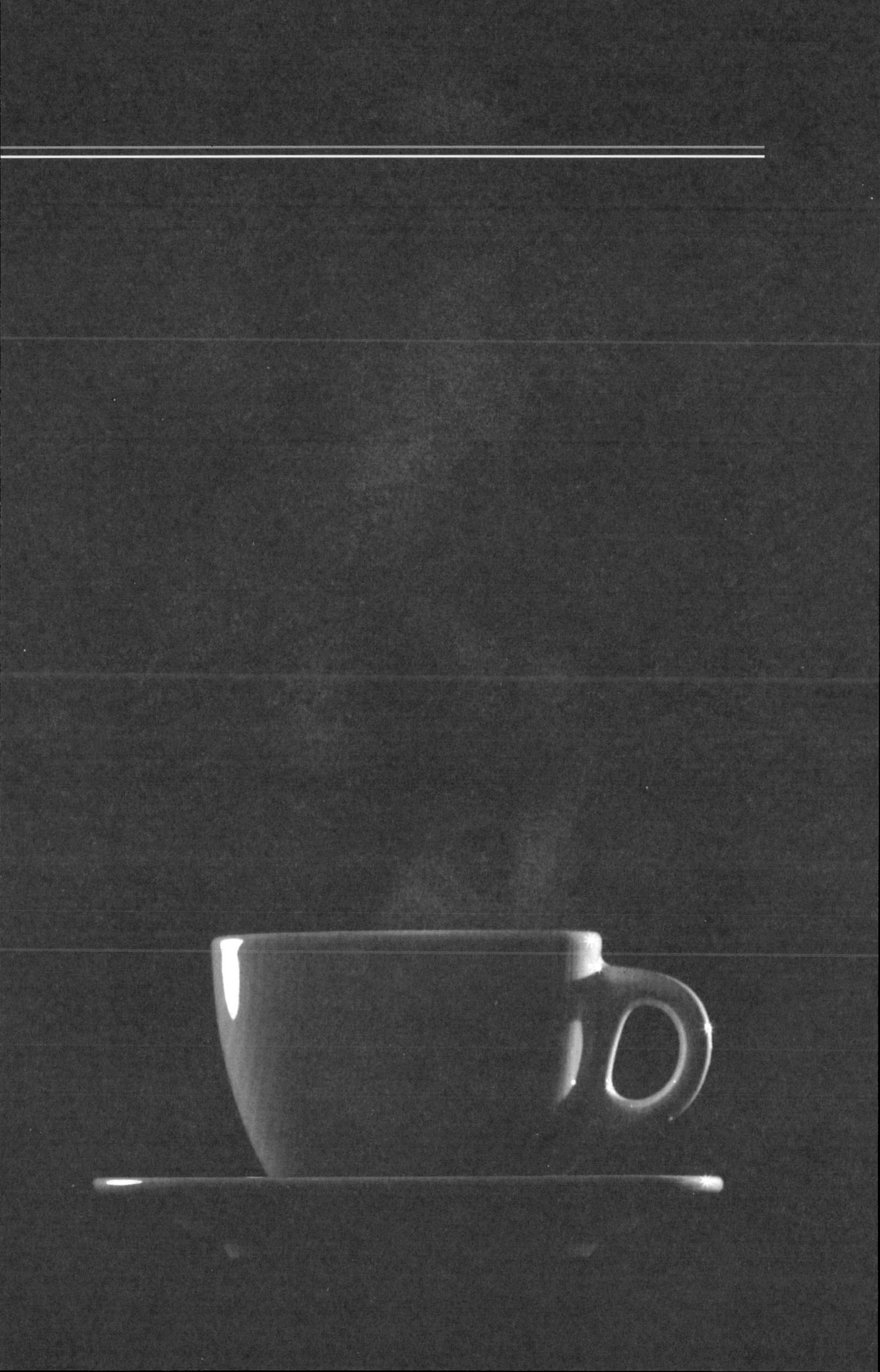

마틴 루터는 왜 커피를
마시지 않았을까?

마틴 루터가 살았던 16세기 초, 유럽 대륙은 아직 커피의 존재조차 알지 못하던 시기였습니다. 오늘날 아침을 깨우는 상징이 된 이 검은 음료는 당시 예멘과 오스만 제국 등 이슬람 세계에서만 음용되었고, 유럽 사회에 본격적으로 소개되기까지는 루터의 생애 이후로도 한 세기의 시간이 더 필요했습니다. 따라서 루터가 커피를 마시지 않은 이유는 단순명료합니다. 그는 커피가 유럽에 도달하기 전의 사람이었기 때문입니다.

한편, 루터가 맥주를 즐겨 마셨다는 사실은 비교적 잘 알려져 있습니다. 독일 작센 출신이었던 그는 중세 수도원 문화 속에서 자연스럽게 맥주를 접했고, 그의 아내 카타리나 폰 보라는 직접 맥주를 양조하기도 했습니다.

루터는 친구에게 보낸 편지에서 "나는 카타리나의 맥주와 하나님의 은혜를 사랑한다"고 고백하며, 일상의 기쁨과 신앙의 감사를 함께 표현했습니다. 이처럼 맥주는 단순한 기호를 넘어, 루터의 일상과 신앙 안에 스며든 문화였습니다.

그러나 시간이 흐르면서, 루터의 후계자들이 살아간 시대에는 새로운 음료가 등장합니다. 바로 커피입니다. 17세기 중반 이후, 커피는 영국과 독일을 중심으로 유럽 각지에 확산되며, 단지 이국적인 음료를 넘어 사색과 토론, 그리고 각성의 상징이 되었습니다. 커피하우스는 지식인들과 종교인들이 모여 이야기를 나누는 공간이 되었고, 개신교 사회는 이 음료를 절제와 깨어 있음의 문화로 수용하기 시작합니다.

앞장에서도 잠깐 다루었지만 이때 등장하는 인물이 바로 존 웨슬리입니다. 18세기 감리교 운동의 지도자였던 그가 개인적으로 커피를 일상에서 마셨다는 명확한 기록은 남기지 않았지만, 1747년에 집필한 건강서 『Primitive Physic』에서 커피를 일부 증상에 유익한 치료제로 언급한 바 있습니다. 이는 커피가 당시 신앙인들에게 단순한 기호를 넘어, 일정한 삶의 규율과 연관된 요소로 받아들여졌음을 보여줍니다.

루터의 손에는 커피잔이 없었습니다. 그럼에도 불구하고 그는 누구보다도 깨어 있었습니다. 그의 깨어 있음은 카페인의 힘이 아니라, 말씀의 능력과 성령의 감동에서 비롯된 것이었습니다. 커피가 각성을 도운 시대가 있었지만, 루터는 커피 없이도 그 어떤 시대보다 강하게 깨어 있었던 사람이었습니다.

오늘날 우리는 루터의 책상 위에 커피 한 잔을 조심스럽게 올려놓는 것을 상상해 봅니다. 만일 그에게 커피가 주어졌더라면, 그는 더 힘차게 종교개혁을 이끌고 나아갔을까요? 커피를 마시며 묵상과 기도의 시간을 더욱 깊이 누렸을까요? 하지만 우리가 잊지 말아야 할 본질은, 그가 무엇을 마셨느냐보다 그가 누구를 위하여 깨어 있었는가 입니다.

커피든 맥주든, 그 음료가 상징하는 바가 신앙 안에서 어떻게 해석되는지는 그 자체로 의미가 있습니다. 약간의 도움이 될 수는 있어도 진정한 각성과 변화는 결코 음료에서 비롯되지는 않습니다. 하나님의 말씀에 따른 감동과, 성령의 인도하심과, 깨어 있으려는 우리의 영적 갈망이 변화를 일으키게 됩니다.

마르틴 루터는 커피를 마시지 않았습니다. 그러나 그는 누구보다 분명히 깨어 있었습니다. 종교개혁은 그로 인해 시작되었고, 오늘도 그 정신은 계속되고 있습니다. 우리도 우리 자신에게 이렇게 물어야 합니다. "나는 지금 깨어 있는가? 그렇다면 무엇을 위해 깨어 있는가?"

크리스마스 음료는
콜라? No, 커피!!

우리는 해마다 크리스마스 시즌이 되면, 적어도 이 땅에 사람의 몸으로 오신 아기 예수와 그분을 경배하러 온 동방의 박사들, 들판에서 양을 지키던 목자들을 떠올려야 합니다. 그러나 어느덧 성탄절에는 산타클로스와 루돌프가 주인공으로 자리 잡은 듯합니다.

12월 6일은 로마 가톨릭교회 전통에서 '성 니콜라우스'를 기념하는 축일입니다. 성 니콜라우스는 3~4세기경 소아시아 리키아 지방의 파트라 근처에서 태어났다고 전해지며, 가난한 이들, 어린이, 선원들의 수호성인으로 알려져 있습니다. 특히 가난한 세 딸을 가진 가정에 몰래 금화를 던져주어 결혼 지참금을 마련해주었다는 일화는, 굴뚝을 통해 들어오는 산타의 전설로 이어졌습니다. 과거 유럽 곳곳에서는 12월 6일 성 니콜라우스 축일에 어린이들에게 선물을 주는 풍습이 있었습니다.

1920년대에 코카콜라는 겨울철 음료 판매를 늘리기 위해 광고를 시도했지만 별다른 성과가 없었습니다. 고심 끝에 1931년, 코카콜라는 일러스트레이터인 해든 선드블롬(Haddon Sundblom)에게 산타클로스 이미지를 의뢰해 광고 마케팅에 활용했습니다. 물론 붉은 옷을 입은 산타의 이미지는 코카콜라 이전에도 어느 정도 알려져 있었지만, 코카콜라는 이 이미지를 전 세계로 널리 알리는 데 중요한 역할을 했습니다.

당시 미국은 대공황으로 어려운 시기였고, 코카콜라는 사람들에게 따뜻하고 친근한 산타의 이미지를 통해 겨울철에도 음료 소비를 촉진

하려 했습니다.

선드블롬은 19세기 작가 클레멘트 무어(Clement C. Moore)의 시 "The Night Before Christmas"에서 영감을 얻어, 넉넉하고 포근한 할아버지 산타를 그렸습니다. 코카콜라의 대표색인 빨간색과 산타의 붉은 복장이 어우러져 강력한 브랜드 이미지를 형성하였고, 이를 통해 지금 우리가 익히 아는 산타클로스의 모습이 전 세계로 퍼져나가게 되었습니다. 이후 코카콜라는 매년 산타와 루돌프를 활용한 다양한 캠페인을 전통처럼 이어왔습니다.

그러다 보니 산타클로스가 성탄의 주연, 루돌프가 조연이 되어버렸습니다. 그 사이 정작 크리스마스의 참된 주인공이신 예수님과 그분을 경배한 동방박사들은 점점 우리의 기억 속에서 흐려져 갑니다. 이제 사람들은 성탄절에 콜라와 케이크, 피자나 햄버거를 즐기며 산타와 함께 소비 중심의 축제를 보내는 경우가 많습니다.

하지만 2천 년 전 베들레헴의 성탄 현장은 다른 의미의 향기로 가득했습니다. 마구간에는 짐승들의 냄새가 진동했을지 모르지만, 동방박사들이 예수께 드렸던 유향(Boswellia)으로 인해 거룩한 향기가 피어올랐습니다. 유향은 나무의 수액을 굳혀 만든 향기로운 물질로, 불에 태우면 달콤하고 특별한 향이 나는 연기가 피어납니다. 성경에서 유향은 하나님께 예배할 때 드리는 향기로운 제물로 사용되었으며(출애굽기 30:34~38), 타오르는 유향의 연기는 기도가 하늘로 올라가는 모습을 상징하기도 합니다. (시편 141:2)

동방박사들은 황금, 유향, 몰약을 아기 예수께 바쳤습니다. 그중 유향은 예수님께서 장차 대제사장의 역할을 감당하시며 하나님과 인간

사이의 중보자가 되실 것을 상징하는 예물로 해석할 수 있습니다. 이처럼 성경 속 향기(유향)의 의미를 되새겨 보면, 우리도 세속적 소비에 함몰된 크리스마스 대신, 보다 깊은 의미의 성탄을 생각해 볼 수 있습니다.

크리스마스에는 동방박사들이 아기 예수께 드린 유향을 기억하며, 콜라 대신에 달콤하고 향기로운 커피 한 잔을 마셔보는 것은 어떨까요? 그 향기를 맡으며 진정한 성탄의 주인공이신 예수 그리스도를 떠올리고, 우리의 삶에 기도가 올라가는 은혜의 향이 가득하길 바랍니다. 세상이 산타와 루돌프, 그리고 콜라와 패스트푸드를 즐길 때, 우리는 향기로운 예배와 묵상을 통해 성탄의 본래 의미를 회복해 보는 것입니다.

종교혼합주의와
믹스커피는 같은가?

예배를 마치고 선교회 회원들이 가까운 근교로 카페 나들이를 갔습니다. 김 집사는 핸드드립 커피를, 박 권사는 카페라떼를, 오 집사는 달달한 카라멜 마키아또를 주문했습니다. 오 집사가 갑자기 생각난 듯이 김 집사에게 물었습니다.

"궁금한 것이 있는데, 집사님은 왜 맨날 아메리카노를 드세요? 다른 커피를 드시는 것을 본 적이 없어서요."

"나는 이상하게도 커피에 우유나 다른 것이 섞이는 것이 싫더라고요. 전에는 믹스커피를 좋아했는데 점점 커피 본연의 맛과 향이 좋아졌어요. 그래서 가능하면 핸드드립 커피만 마십니다."

김 집사가 웃으면서 대답했습니다.

커피의 역사를 살펴보면 처음 커피를 음용했던 아랍인들은 커피가루를 물에 넣어서 끓여 마셨습니다. 커피가 이집트로 전파되면서 향신료인 넛맥 가루를 넣어서 마시기도 했고, 터키로 전파되면서 설탕을 넣어서 마시기도 했습니다.

지금은 우유를 넣어서 만드는 커피음료가 흔하지만 처음부터 그렇게 마셨던 것은 아닙니다. 최초로 커피에 우유를 첨가해서 마신 사람들은 오스트리아 합스부르그 왕가 사람들이라고 합니다.

몽골제국에 대사로 파견되었다가 돌아온 사람이 몽골의 음료 수태차를 마셔본 경험을 커피에 적용했던 것이 커피에 우유를 넣어서 마시게 된 유래라고 합니다. 그 후에 유럽 최초의 카페 '블루보틀'의 주인 '콜시스키'의 카페에서도 우유를 넣은 커피가 선보이게 되었는데, 너무 쓴 커피 때문에 장사가 잘 안되자 나온 마케팅 전략이었다고 합니다.

커피믹스는 세계 최초로 우리나라의 대표적인 커피기업인 동서식품이 만들었습니다. 믹스커피가 처음 등장했을 때, 사람들은 집에서도 다방커피와 같은 맛을 즐기게 되었다고 놀라워했습니다. 커피가루와 설탕, 그리고 우유 분말이 완벽한 비율로 섞여있었기 때문입니다.

커피에 무엇인가를 섞어서 마시려는 시도는 전적으로 사람의 기호와 관련된 마케팅 전략에서 시작했습니다. 커피에 우유를 섞고, 설탕을 넣어서 마시고, 카카오와 캐러멜, 심지어는 소금이나 술까지 첨가해서 음료로 만들고 있습니다. 이런 음료를 커피 베리이션 음료라고 합니다.

음악용어로 베리에이션(Variation)이라는 말은 '변주하다'라는 뜻인데 커피에 무엇인가를 섞어서 만들었기 때문에 붙여진 이름입니다. 그런데 사람들의 기호에 맞춰서 많은 것을 섞고 혼합하다 보면 커피의 맛과 향보다는 다른 첨가물의 뉘앙스가 더 강하게 느껴지게 된다는 것이 문제입니다.

지금 우리가 살고 있는 세상은 순식간에 변화하고 있고 사람들의 생각이나 문화도 급변하고 있습니다. 기독교는 과거에 비해 점점 힘을 잃어가고 있고 교회는 쇠퇴해 가고 있습니다. 문제를 인식한 기독교계는 어떻게든 세상 사람들의 기호를 맞추기 위해 다양한 시도를 하기도 합니다. 이 과정에서 세상적인 재미나 반응은 이끌어낼 수는 있어도 자칫 잘못하면 교회 안에 이교적인 요소들이 들어올 수 있다는 것이 문제입니다. 미국의 자유주의 신학교에서는 힌두교의 명상을 받아들이는 등 종교혼합주의적인 실험을 하기도 합니다.

여러 종교를 가진 사람들을 하나로 묶어서 종교 간의 거리를 없애고 분열을 방지하고자 하는 시도를 하곤 합니다. 이는 믹스커피가 여러 재료를 섞어 간편하게 하나의 맛을 내는 과정과 비슷하다고 볼 수 있습니다.

믹스커피는 맛있고 편리하고 사람들의 기호에 잘 맞지만, 커피 본연의 맛과는 거리가 있습니다. 커피 음료는 새로운 재료를 추가하거나 혼합할 수는 있습니다. 하지만 기독교 진리는 어떤 것과도 혼합되어서는 안됩니다. 진리는 사람들의 입맛에 따라서 바꿀 수 있는 것이 아닙니다.

최근에 한국사회는 커피의 제 3의 물결이라고 불리는 스페셜티 커피 시장에 눈뜨고 있습니다. 과거에는 아무 커피나 마셨지만 이제는 커피 본연의 맛과 향을 느끼고 즐기려고 하는 소비자들이 증가하고 있는 것입니다.

최근 한국교회의 교세가 심각한 수준으로 약화되고 있다고 다들 걱정하고 있습니다. 하지만 이럴 때일수록 교회는 세상 사람들의 입맛에 맞춰서 복음의 진리를 희석하는 것이 아니라 본래의 가치와 진리를 지켜나가야 합니다. "오직 성경, 오직 믿음, 오직 은혜"의 종교개혁의 전통과 가치를 지켜나갈 때 아무리 힘든 시대적 상황 속에서도 교회는 더욱 든든히 세워져 갈 것입니다. 무엇을 섞은 커피가 아니라 순수한 커피가 커피 본연의 맛과 향을 지켜내듯이, 세상적인 가치와 혼합됨을 강력히 거부하며 복음의 진리를 지켜내는 한국교회가 되기를 기도합니다.

커피도 교회도
AS가 필요한가

에스프레소 머신을 오래 사용하면 생기는 변화

매일 아침 향기로운 커피 한 잔을 기대하며 에스프레소 머신을 작동하지만, 어느 순간부터 커피 맛이 예전과 다르게 느껴질 때가 있습니다. 신맛이 지나치게 도드라지거나 쓴맛이 강해지고, 깊고 부드러운 풍미가 사라졌다면, 단순히 원두 문제를 넘어 머신 상태를 점검해 보아야 합니다.

머신은 오래 사용할수록 보일러, 그룹 헤드, 필터, 배관 등에 물때와 커피 기름 찌꺼기가 쌓이게 됩니다. 이런 불순물이 제거되지 않으면 커피의 본연의 맛이 변질되고 머신의 성능까지 저하됩니다. 결국 머신이 제대로 작동하지 않거나 심각한 고장으로 이어질 위험이 있습니다.

이러한 문제를 방지하기 위해서는 단순한 청소를 넘어, 오버홀(Over-haul, 전면 분해 정비)이 필요합니다. 오버홀은 머신을 완전히 분해하여 내부 부품을 꼼꼼히 점검하고, 마모된 부품을 교체하며, 전반적인 기능을 조정하는 과정입니다. 겉으로는 아무 문제가 없어 보이더라도 보이지 않는 내부의 미세한 문제들이 커피의 질을 떨어뜨릴 수 있기에 정기적인 점검과 오버홀은 필수입니다.

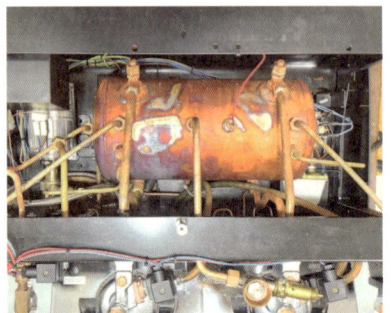

이 원리는 교회의 내적 갱신에도 그대로 적용할 수 있습니다

교회는 시대를 거치며 끊임없는 변화와 도전에 직면해 왔습니다. 초대 교회부터 중세 교회를 거쳐 종교개혁과 현대교회에 이르기까지, 교회는 시대적 상황 속에서 본질을 회복하기 위한 갱신을 반복했습니다. 이는 마치 커피 머신을 오버홀하여 본래의 기능을 되살리는 것과 같은, 교회의 영적 정화를 위한 필수적인 과정이었습니다.

초대 교회는 성령충만한 공동체로 시작되었지만, 시간이 흐르면서 내적인 갈등과 신학적 논쟁이 생겼습니다. 유대인과 이방인 성도 간의 갈등(사도행전 15장), 율법과 복음의 관계, 지도자들의 의견 차이 등 다양한 어려움이 있었습니다. 그러나 하나님께서는 사도 바울과 같은 지도자들을 세우셔서 복음의 본질을 확립하게 하셨고, 이는 교회가 본래의 사명을 잃지 않고 지속적으로 성령 안에서 갱신될 수 있도록 이끄셨습니다.

중세 시대에 접어들면서 교회는 제도화되었고, 성직 매매와 면죄부 판매 같은 부정적인 요소들이 나타났습니다. 교회 조직은 강력해졌지만, 본래의 순수한 복음 정신은 희미해졌습니다.

1517년, 마틴 루터(Martin Luther)를 비롯한 개혁자들이 등장하여 95개조 반박문을 발표하며 "오직 성경, 오직 은혜, 오직 믿음"을 강조하는 종교개혁을 일으켰습니다. 이는 교회의 본질을 회복하기 위한 대대적인 오버홀과 같았고, 다시금 하나님께서 기뻐하시는 모습으로 교회를 정비하는 계기가 되었습니다.

오늘날 교회 또한 다양한 도전에 직면해 있습니다. 코로나 팬데믹 이후 예배 방식, 선교 전략, 공동체 운영 방식이 급격히 변화하고 있습니다. 예를 들어, 온라인 예배의 편리함이 신앙의 열정을 식게 하고 형식적인 참여를 가져오는 경우가 많아졌습니다. 이런 시대에 교회는 외적인 성장보다 내적인 성숙과 본질적 회복을 더욱 중요하게 여겨야 합니다.

현대사회에서 교회가 참된 예배와 제자도를 회복하고, 세상의 빛과 소금으로서의 역할을 감당하기 위해서는 지속적인 내적 갱신이 반드시 필요합니다.

외적인 변화보다 내적인 정화가 우선되어야 합니다

커피머신이 외적으로 깨끗해 보여도 내부 오염이 축적되면 커피맛은 변질됩니다. 교회 역시 마찬가지입니다. 아무리 규모가 크고 화려한 교회라도 영적 침체와 타협이 쌓이면 교회의 본질적 기능은 약화될 수밖에 없습니다.

예수님께서는 겉으로 경건해 보이는 종교 지도자들을 향해 말씀하셨습니다.

"회칠한 무덤 같도다. 겉으로는 아름다워 보이나 속은 죽은 사람의 뼈와 더러운 것으로 가득하도다"(마태복음 23:27).

교회가 진정 하나님께서 원하시는 공동체로 존재하기 위해서는 내적인 정화가 필수입니다.

작은 문제도 방치하면 큰 위기로 이어집니다

커피머신 내부의 미세한 물때를 방치하면 결국 머신이 망가지듯이, 교회의 작은 문제들도 해결하지 않고 누적하면 큰 영적 위기로 이어질 수 있습니다.

사도 바울은 교회 공동체에 작은 타협이 전체에 미치는 영향을 다음과 같이 경고했습니다.

"적은 누룩이 온 덩어리에 퍼지는 것을 알지 못하느냐?"(고린도전서 5:6)

교회는 끊임없이 자기 점검과 정화를 통해 건강한 영적 공동체를 유지해야 합니다.

좋은 커피를 만들기 위해 커피머신의 정기적인 점검과 오버홀이 필요하듯이, 교회 역시 지속적인 내적 갱신이 필요합니다.

오늘, 커피 한 잔을 마시며 우리의 신앙과 교회를 돌아보는 시간을 가져보는 건 어떨까요?

지금이야말로 하나님 앞에서 우리의 믿음과 교회를 점검하고 새롭게 해야 할 때입니다.

박 집사의
후회

박 집사는 마을 모퉁이에 조그마한 카페를 운영하고 있습니다. 퇴직 후 '무엇을 할까' 고민하다가 선택한 것이 카페였습니다. 카페는 진입 장벽이 낮아서 누구나 쉽게 오픈할 수 있다고 하기에, 상가를 임대하고 사업자 등록과 위생교육까지 마치고 카페를 열었습니다.

초기 인테리어 비용과 각종 장비 구입에 꽤 많은 비용이 들었습니다. 그러나 카페를 시작하자마자 박 집사는 후회하기 시작했습니다. 임대료와 아르바이트생 월급을 지불하고 나면 재료비조차 남지 않는 상황이 이어졌기 때문입니다. 누가 하라고 등을 떠민 것도 아니고, 스스로 좋아서 시작한 일이기에 누구를 탓할 수도 없었습니다. 그러던 중 "커피 맛이 좋다"는 소문이 조금씩 나면서 매출이 오르기 시작했습니다.

하지만 곧 문제가 생겼습니다. 자신의 카페보다 훨씬 좋은 위치에 저가커피 매장이 들어섰던 것입니다. 그것도 하나가 아니라 여러 곳이 한꺼번에 문을 열었습니다. 그동안 공들였던 단골손님들이 싼 커피 매장으로 옮겨가면서, 원래도 어렵던 형편에 매출이 반 토막이 났습니다. 충성 고객이라고 믿었던 손님들조차 몇백 원이라도 더 저렴한 곳으로 옮겨가니 섭섭했지만 어쩔 방법이 없었습니다.

결국 박 집사는 아르바이트생을 더 이상 고용할 수 없어서 양해를 구하고 내보냈습니다. 그 뒤로는 박 집사 부부가 직접 카페를 운영하기 시작했습니다. 가족 경영을 하면서 부부 사이도 나빠졌습니다. 카페를 문 닫을 수 없어 가족여행조차 가지 못한 지 오래되었습니다. 박 집사 부부가 카페에서 일하면서 젊은 손님들이 눈에 띄게 줄어들었습니다. 젊은 직원들이 있을 때는 젊은 손님들이 꽤 많이 왔지만, 이제는 거의 찾아볼 수 없게 되었습니다.

박 집사는 '이대로 카페를 접어야 하나…' 하고 고민했습니다. 하지만 지금 당장 그만두기에는 투자한 비용이 너무 많고 손실도 커서 쉽게 결단을 내릴 수 없었습니다. 박 집사가 간과한 점은 무엇이 있을까요?

1. 카페는 타업종에 비해 진입장벽이 낮지만, 전문적인 기술이 필요한 직종이라는 점을 간과했습니다.

2. 카페는 사람을 고용하는 업종입니다. 따라서 인건비를 생각하지 않을 수 없습니다. 카페의 고정 지출 중 가장 큰 부분이 임대료와 인건비입니다.

3. 카페 신규 매장을 낼 때 거리제한이 없다는 점도 문제입니다. 바로 옆에도 새 카페가 들어올 수 있습니다. 저가 프랜차이즈 카페는 입지가 좋아 보이면 사정없이 들어와 버립니다.

4. 카페는 가격 경쟁이 매우 심한 업종입니다. 조금이라도 비싸면 손님들은 바로 더 싼 곳으로 찾아갑니다.

5. 카페는 위치의 영향을 크게 받습니다. 접근성이 좋지 않으면 고객이 찾아오지 않습니다.

6. 카페 인테리어는 2~3년에 한 번씩은 바꿔 주어야 합니다. 그런데 이 작업에 드는 비용이 꽤 큽니다. 새로 인테리어를 꾸밀 여유가 없는 것이 문제입니다.

"카페를 하나 운영해 보고 싶다"는 소박한 꿈이 박 집사의 퇴직 후 인생을 이렇게 힘들게 만들 줄은 미처 몰랐습니다. 결국 박 집사는 오랜 기도와 망설임 끝에 결심했습니다. 더 늦기 전에 카페를 접기로 말입니다.

2023년 통계청 자료에 따르면, 2023년에는 약 12,083개의 카페가 새로 창업했습니다. 같은 해 폐업한 카페는 약 11,450개로, 이는 하루 평균 34곳이 문을 닫은 셈입니다. 대한민국에서 카페 창업 후 3년 이내에 폐업하는 비율은 상당히 높습니다. 2022년 기준, 서울 지역 커피·음료 업종의 3년 평균 생존율은 51.9%로 이는 약 절반의 카페가 3년 내에 폐업함을 의미합니다.

커피 장사는 누구나 할 수 있습니다. 하지만 커피로 성공하려면 정말 많이 배우고 공부하며 실력을 갖춰야 합니다. 실력을 갖춘다 해도 카페 사업은 여전히 어렵고 힘든 일입니다.

사실 목회도 마찬가지가 아닐까요? 주변에서 군소 신학교에서 잠깐 공부한 뒤 몇 개월 만에 목사가 되어 교회를 개척하는 경우를 종종 봅니다. 자신은 하나님의 부르심을 받았다고 생각하고 뛰어들기도 하고 목회는 누구나 할 수 있다고 생각할 수도 있지만 그렇지 않습니다.

목회는 가장 전문적인 분야입니다. 신학을 12년 동안 공부하고 임상 목회의 과정을 거쳐도 평생 어렵고 힘든 것이 바로 목회입니다. 그래서 함부로 뛰어들어도 안 되고 사명 없이는 갈 수 없는 길입니다. 카페 창업을 꿈꾸는 이 집사에게 박 집사가 조용히 말합니다. "집사님, 늦기 전에 다시 한 번 더 생각해 보세요!"

작은 교회와
깍지벌레

우리 교회는 중요한 행사가 있을 때마다 작은 커피나무를 참석자들에게 선물하곤 하는데, 지난해 교회 창립기념주일에도 참석자 모두에게 작은 커피나무를 선물했습니다. 커피나무는 열대지역이 고향인 나무로, 우리나라와 같은 기후에서는 키우기가 까다로운 식물입니다. 커피나무는 추위에 약하고 직사광선을 받으면 말라서 잘 죽습니다. 물도 자주 주어야 하고 결코 키우기 쉬운 식물은 아닙니다. 하지만 잘 키우면 탁월한 공기정화 능력이 있어서 실내에서 키우면 좋습니다. 그런데, 관리를 소홀히 하면 커피나무를 공격하여 말라 죽게 만드는 존재가 있습니다.

깍지벌레, 그 실체와 피해

'깍지벌레(Mealybug)'는 깍지벌레과(Pseudococcidae)에 속하는 곤충으로, 주로 식물의 즙액을 빨아먹는 해충입니다. 솜털이나 밀가루를 묻힌 듯한 하얀 솜뭉치 형태를 띠고 있어 '솜깍지벌레'라고도 불립니다.

이들은 주로 식물의 잎 뒷면, 가지 사이, 새순 등 빛이 잘 들지 않고 통풍이 원활하지 않은 곳에 숨어 서식합니다. 깍지벌레는 식물의 줄기나 잎에 붙어 주둥이를 박고 수액을 빨아먹습니다. 이 과정에서 끈적한 '감로'를 배설하는데, 이 감로는 곰팡이가 번식하는 원인이 되어 잎을 검게 만들고 광합성을 방해합니다.

커피나무가 깍지벌레로부터 입는 피해는 치명적입니다. 수액을 계속해서 빨아먹어 나무의 영양분을 고갈시키며, 영양분이 부족해진 커피나무는 성장이 멈추거나 왜소해집니다. 심한 감염의 경우, 나무는 빈사 상태에 이르다가 결국에 말라 죽게 됩니다. 특히 작은 커피나무의 경우, 체내 축적된 영양분이 부족해 깍지벌레의 공격에 더욱 취약합니다. 한 번 깍지벌레가 달라붙으면 급속도로 세력을 확장하여 어린 나무를 단시간 내에 고사시킬 수 있습니다.

깍지벌레가 생기는 원인

깍지벌레는 따뜻하고, 건조하며, 공기 순환이 잘 안 되는 환경을 좋아합니다. 실내에서 커피나무를 키울 때 환기가 되지 않거나, 식물 간의 간격이 좁을 때 발생하기 쉽습니다. 영양 상태가 좋지 않거나 스트레스를 받은 식물은 병충해에 취약해집니다. 깍지벌레의 포자는 공기중이나 새로운 식물을 통해 유입될 수 있습니다. 처음에는 작아서 눈에 잘 띄지 않다가 어느 순간 급격히 번식하여 심각한 피해를 줍니다.

깍지벌레 구제 방법

깍지벌레를 방제하기 위해서는 초기 발견과 신속한 대처가 매우 중요합니다. 가장 효과적인 방법은 보일 때마다 직접 제거하는 것입니다. 알코올을 묻힌 면봉이나 솜으로 깍지벌레를 닦아내거나, 물줄기를

강하게 분사하여 씻어내는 방법이 있습니다.

주방 세제나 '님' 오일, 목초액을 물에 희석한 마요네즈 액을 분무하는 것도 방제에 효과적입니다. 감염이 심각한 경우, 깍지벌레 전용 살충제를 사용하는 것이 가장 확실한 방법이지만 실내에서는 사용에 주의가 필요합니다. 무엇보다도 예방이 중요한데, 공기 순환이 잘 되게 환기를 자주 시켜주고, 건조하지 않게 습도를 적절하게 유지하는 것이 중요합니다. 깍지벌레가 번식하기 쉬운 환경을 만들지 않는 것이 최선의 예방책입니다.

작은 공동체를 지키는 지혜

저는 커피나무를 괴롭히는 깍지벌레를 잡아주다가 이 벌레가 마치 작은 교회 공동체에 달라붙어 목회자와 목회자의 가정을 힘들게 하는 사람들과 같다는 생각을 하게 되었습니다. 은평구 응암동에 교회를 개척했을 때, 좋은 교인들도 많이 만났지만, 교회가 성장하는 과정에서 생각지도 않게 교회 공동체를 공격하는 사람도 만났습니다. 그 교인은 알고 보니 이 교회 저 교회 작은 개척교회를 옮겨 다니면서 교회를 자기 맘대로 하려고 하는 사람이었습니다.

작은 교회는 비유컨대, 작은 커피나무와 같습니다. 교인 수가 적고 재정적으로 부족하며, 목회자의 마음도 지쳐 있어 면역력이 약해지기 쉽습니다. 교회 공동체를 흔드는 사람은 마치 깍지벌레가 나무의 수액을 빨아먹듯 공동체의 생명력과 기쁨을 앗아가는 존재입니다. 그들은 주로 목회자의 가정을 공격합니다. 특히 목회자의 아내인 사모를 공격해서 근심하게 함으로 공동체의 성장 동력을 잃게 합니다. 깍지벌레가 빛을 피해 숨어있다가 세력이 커지면 노골적으로 드러내듯, 공동체의 문제를 일으키는 존재들도 처음에는 미미하다가 결국, 공동체 전체를 황폐하게 만들기 때문에 처음부터 틈을 보이면 안 됩니다.

깍지벌레는 수많은 알을 낳아 순식간에 번식합니다. 알이 번식한 이후에는 커피나무를 깍지벌레로부터 지키는 일은 정말 어려워집니다. 성장하던 공동체가 무너지는 것은 한순간입니다. 작은 교회에서는 한 명의 교인이 정말 소중하지만, 깍지벌레와 같은 교인이 있다면 더 늦기 전에 찾아서 막아야 합니다. 이들을 내버려 두면 마치 깍지벌레에 공격을 받은 작은 커피나무처럼 교회는 자라지 못하고 결국 고사할 수밖에 없습니다.

작은 교회 공동체를 섬기는 목회자들에게는 지혜와 용기, 그리고 때로는 과감한 결단이 필요합니다. 건강한 교회를 만들기 위해서 외부의 위협으로부터 공동체를 보호하는 힘을 길러야 합니다.

커피나무의 생장을 위협하는 깍지벌레처럼, 교회 공동체의 활기를 잃게 만드는 '깍지벌레'는 무엇일까요? 혹시 우리 공동체 안에 숨어있는 깍지벌레 같은 존재는 없는지 돌아볼 필요가 있지 않을까요?

커피 마셔서
잠을 잘 수 없다면

바리스타 목사의 신앙 레시피

"잠들 수 없는 그 밤, 하나님 앞에 깨어있는 자들"

깊은 밤, 낮에 마신 커피 한 잔의 여운으로 잠을 이루지 못하는 순간이 있습니다. 많은 이들이 그것을 불편함으로 여기지만, 그 시간을 하나님을 만나는 기회로 바꿔본다면 어떨까요?

역사를 살펴보면 커피는 각성을 위한 음료를 넘어, 영적 깨어있음의 도구로 사용되어왔음을 알 수 있습니다.

최초로 졸음을 방지하기 위해 커피를 마신 사람들은 테호메트라는 수도원에 있던 수피교 신비주의 수도사들이었습니다. 그들은 커피를 통해 잠을 자지 않으면서 더 깊은 명상과 기도의 시간을 가졌습니다.

'수피즘(Sufism)'은 이슬람 내부의 신비주의 전통으로, 율법과 외적 행위만을 강조하는 것에서 벗어나 그들의 신인 '알라'의 내적 연합과 친밀함을 추구합니다. 그들은 밤늦게까지 기도와 명상, 찬송(딘)을 지속하기 위해 졸음을 억제할 필요가 있었고, 이때 커피가 중요한 역할을 했습니다.

기독교 수도원 전통에서도 잠을 절제하며 깨어있어 기도하기 위한 노력이 있었습니다. 이집트 카이로에서 안렉산드리아로 가는 길, 사막 한가운데, 초대 기독교 수도원 운동의 중심지 중 하나인 와디 나트룸(Wadi El Natrun)이 있습니다.

제가 이곳에 방문했을 때, 예수의 제자 마가 사도가 기도했던 전통

깊은 수도원에 방문하게 되었는데, 그곳에 있는 한 수도원에는 천장에서 굵은 줄 하나가 내려져 있었습니다. 알고 보니 이 줄은 수도사들의 머리카락을 묶는 용도였는데, 머리카락을 그 줄에 묶고 기도하다가 졸음이 와서 고개를 숙일 때, 머리카락을 당겨서 정신이 번쩍 들게 하는 일종의 안전장치였습니다.

수도사들은 하나님 앞에 졸지 않고 항상 깨어있기를 원했는데, 그들에게 있어서 기도는 그들의 존재 이유였기 때문이었습니다. 커피는 마치 수도원 천장에 매달려있는 '기도 줄'과 같은 역할을 합니다.

커피를 마시면 밤에 잠이 잘 안 오는 이유는, 커피에 함유된 카페인이 우리 몸의 아데노신 수용체에 작용했기 때문입니다. 아데노신은 뇌 활동으로 축적되며 졸음을 유발하는 신경전달물질인데, 카페인은 이 아데노신이 수용체에 결합하는 것을 방해하여 각성 효과를 일으킵니다. 그 결과 우리는 잠 못 이루는 밤을 맞이하게 되는 것입니다.

지금 이 시대는, 하나님 앞에 깨어 기도할 때입니다. 국가를 위해, 교회를 위해, 그리고 무엇보다 다음 세대의 믿음을 위해 우리는 다시 무릎 꿇어야 합니다.

특히 교회학교 여름 행사를 앞둔 시점은, 말씀과 은혜의 씨앗을 심기 위한 영적 밭갈이의 시간이기 때문에 기도가 중요합니다. 하나님께서 준비하신 은혜의 비, 성령의 불을 여름 행사에 참여하는 어린이, 학생, 청년들에게 넘치도록 부어주시고, 헌신하는 교사들과 봉사자들에게 믿음과 지혜, 힘과 능력을 주시도록 기도로 준비해야 합니다.

커피를 마셔서 잠 못 드는 밤이 찾아왔을 때, 억지로 눈을 감기보다 성경을 펼치고 기도하는 시간으로 삼는다면, 그 밤은 하나님이 예비하신 은혜의 시간이 될 수 있을 것입니다. 잠 못드는 밤, 괴로워하지 말고 그 시간 동안 말씀을 묵상하고, 나라와 교회, 교회학교 아이들의 이름을 부르며 기도하시면 어떨까요?

그 밤은 더 이상 고통스러운 불면의 밤이 아니라 하나님과 깊이 만나는 축복의 밤이 될 것입니다.

참고로 숙면을 위해서는 저녁 6시 이후에 커피를 마시지 않는 것이 좋습니다. 혹시 피하지 못해 저녁 시간에 커피를 마셔야만 한다면 디카페인 커피를 추천합니다. 그리고 카페인에 민감한 사람들은 커피를 마신 후에 물을 많이 마셔서 카페인을 소변으로 배출하는 것도 좋은 방법입니다.

꼰대 커피, 꼰대 신앙,
첫사랑

커피는 원두가 아무리 좋은 것이라도, 시간이 흘러가면서 가치를 잃어갑니다. 그것은 산소와의 관계 때문에 일어나는 현상입니다. 시간이 흘러가며 커피는 공기 중의 산소 때문에 산패됩니다.

로스팅 직후의 커피는 생명력으로 가득 차 있으며, 그 안에는 꽃향기, 과일의 산미, 견과류의 고소함과 은은한 단맛이 아름답게 조화를 이룹니다. 특히 볶은 지 3일에서 14일 사이의 커피는 가장 조화롭고 풍성한 향미를 선사하며, 이 시기의 커피는 많은 애호가들로 하여금 진심 어린 감탄을 자아내게 합니다.

그러나 시간이 지나면 이야기는 달라집니다. 커피는 더 이상 그 생생한 향을 유지하지 못하고 묵은 기름 냄새, 불쾌한 쩐맛, 그리고 초산 발효에서 비롯된 시큼한 산패 향미로 변해갑니다. 아무리 고급 품종과 뛰어난 로스팅 기술을 사용했다 해도 시간이 지나면 그 매력은 사라지고 맙니다. 신선함을 잃은 커피는 본래의 감동을 전달하지 못하며 때로는 오히려 불쾌한 인상을 남기기도 합니다.

시간의 흐름에 따라 변질되는 것은 커피만의 문제는 아닙니다.

한때는 말씀에 눈물이 나고, 예배 시간이 기다려졌으며 기도 속에서 깊은 위로를 경험했던 시절이 있었다고 해도 시간이 흐르면서 그 감격은 점차 흐려지고 의무감과 습관만이 남아 있는 경우가 많습니다. 처음의 순수한 열정은 어디론가 사라지고, 관성과 형식만 남은 신앙의 쓰디 쓴맛이 마음을 무겁게 만듭니다.

'꼰대'라는 말이 있습니다. 이 용어는 원래 선생님을 가리키는 말이었지만 점차 자기 경험을 절대화하며 타인의 성장을 가로막는 기성세대를 가리키는 뜻으로 사용되었습니다.

꼰대란, 이미 생기를 잃은 방식과 사고를 고집하면서도 그것이 여전히 유효하다고 착각하는 상태를 뜻합니다. "우리는 늘 이렇게 해왔다"는 말로 변화의 가능성을 닫고, 오히려 생명력을 저해하는 신앙을 고수하게 됩니다.

교회 안에는 꼰대신앙을 가진 사람들이 많이 있을 수 있습니다. 이런 교인이 많은 교회는 성장동력을 잃어버리고 침체의 늪으로 빠져들게 됩니다.

요한계시록 2장에 보면 성령께서 에베소교회를 향해 이렇게 책망하십니다.

'그러나 너를 책망할 것이 있나니 너의 처음 사랑을 버렸느니라 그러므로 어디서 떨어졌는지를 생각하고 회개하여 처음 행위를 가지라'

오래된 커피는 마치 꼰대와도 같습니다. 이미 맛과 가치를 잃어버렸는데 나는 원래 커피였다고 주장하고 이는 마치 향기를 잃고 산패한 커피를 여전히 좋은 커피라 우기는 것과 다르지 않습니다.

묵은 커피는 과감히 버리는 것이 정답입니다.

묵은 커피를 미련을 가지고 계속 마시면 맛은 물론이거니와 건강에도 해롭습니다.

우리가 묵은 자아, 묵은 방식, 묵은 고집을 내려놓을 때 비로소 다시 주님 앞에 '처음처럼' 칭찬받는 교회와 성도가 될 수 있습니다.

갓볶은 커피처럼, 우리는 지금 이 순간 이전의 첫사랑을 회복했으면 좋겠습니다. 묵은 행위를 버리고 새롭게 성령으로 뜨거워지기를 바랍니다.

예배의 감격이 살아나고, 기도가 기다려지며, 말씀을 통해 삶이 변화될 때 그리스도의 향기를 발할 수 있습니다.

언제나 처음처럼, 묵은 것을 버리고, 새로운 성령의 은혜와 능력으로 채워지는 신앙을 통해, 오늘 우리의 삶이 향기로운 커피 한 잔처럼, 서로에게 오래도록 기억되는 향기같은 삶이 되기를 소망합니다.

명품 커피와
말씀 셀렉터들

오늘날 우리는 전 세계 어디서든 손쉽게 커피를 마실 수 있습니다. 하지만 커피 한 잔이 우리 테이블에 오르기까지는 수많은 여정과 선택, 그리고 맛있는 커피를 찾기 위한 누군가의 노력이 필요합니다. 이들을 '커피 셀렉터(Selector)'라고 부릅니다. 이들은 커피 산지를 직접 다니며 맛있는 커피를 찾아냅니다.

우리의 신앙생활도 마찬가지입니다. 오늘날 성도들은 성경을 자유롭게 읽고 교회에서 말씀을 들을 수 있지만, 과거에 복음을 전하기 위해 목숨을 걸었던 수많은 전도자의 헌신이 없었다면 우리는 결코 말씀을 들을 수 없었을 것입니다.

지금도 말씀을 깊이 연구하는 목회자들을 말씀 셀렉터라고 불러도 틀리지 않을 것입니다. 이들의 분별과 연구, 기도가 없다면 하나님의 말씀을 어떻게 이해하고 받아들일 수 있을까요? 그런 의미에서 커피의 여정과 복음의 여정은 참 많이 닮아 있습니다.

셀렉터들의 전래 이야기

에티오피아에서 시작된 커피는 오랜 기간 '아라비아 반도' 안에서만 독점적으로 유통되었습니다. 이를 처음 세계에 퍼뜨린 사람들은 커피를 몰래 훔쳐나간 '밀수꾼'이었고, 때로는 식민 제국의 탐험가들이었습니다. 커피를 들고 대륙을 넘은 그들의 여정은 마치 '스파이 영화'처럼 스릴 넘치는 모험이었습니다.

예멘에서 커피 생두를 몰래 옷깃에 숨겨 인도 마이소르 지역으로 반출한 순례자 바바부단, 네덜란드 동인도회사의 종자 탈취, 왕궁 식물원에서의 재배와 식민지 '실론'과 '자바'에서의 커피 재배, 브라질의 '팔헤타'가 음악으로 프랑스 총독 부인을 유혹해 커피 씨앗을 몰래 얻은 이야기까지, 커피 세계의 확장 역사는 낭만과 모험, 그리고 탐욕이 뒤섞인 역사입니다.

복음의 역사도 일부 비슷한 것 같습니다. 예루살렘에서 시작된 복음은 박해와 순교의 역사 속에서도 사라지지 않았습니다. 초대교회 성도들은 지하 카타콤에서 신앙을 지켰고, 복음은 그 핍박을 이기고 더 넓은 세계로 흘러갔습니다. 종교개혁자들은 성경을 평신도가 읽을 수 있도록 자국어로 번역했으며, 선교사들은 목숨을 걸고 복음을 지구촌 곳곳에 전했습니다.

상업화된 시장에서 진리를 찾는 사람들

커피가 산업화되어 대량으로 거래되자, 품질보다 가격이 우선되는 '커머셜 커피' 시장이 형성되었습니다. 테루아나 품종, 재배 철학 같은 본질은 사라지고, 원유처럼 수치화된 거래만이 남았습니다. 이러한 흐름에 반발하여 진짜 커피를 찾기 위해 등장한 것이 바로 '스페셜티 커피(Specialty Coffee) 운동'이며, 그 중심에 커피 셀렉터들이 있었습니다.

오늘날 기독교 신앙은 복음의 진리에서 많이 벗어나 있지는 않습니까? 교회의 크기, 성도들의 숫자, 교회 재정의 규모가 신앙의 척도가 되는 현실 속에서, 진리와 본질은 뒷전이 되는 일이 많아졌습니다. 하지만 말씀 셀렉터인 목회자들은 상업화된 신앙의 흐름 속에서, 형식이 아닌 생명을 살리는 복음, 감정이 아닌 진리의 핵심을 찾기 위해 애쓰고 있습니다.

셀렉터들이 일하는 곳

커피 셀렉터는 책상에서 일하지 않습니다. 그들은 에티오피아 고산지대, 콜롬비아 안데스, 인도네시아 밀림을 누비며 숨어 있는 커피를 찾아 나섭니다. 그들은 현지 농부들과 소통하고, 수확 현장을 살피고, 손으로 커피 체리를 쪼개고, 직접 샘플을 로스팅하고 '커핑(cupping)'을 합니다. 한 잔의 커피가 '스페셜티 커피'가 되는 데 필요한 거의 모든 조건을 직접 점검합니다.

말씀 셀렉터인 목회자도 마찬가지입니다. 그들은 매주 강단에 서지만, 그 한 편의 설교를 위해 수십 시간 성경을 연구하고, 헬라어와 히브리어 원어를 살피며, 교회 역사와 신학적 맥락을 점검합니다. 그들은 시대의 질문에 성경으로 답을 찾고, 성도의 삶에 말씀을 연결하기 위해 기도와 묵상 속에 잠깁니다.

어떤 목회자는 말씀 하나를 붙들고 몇 년간 같은 본문을 연구하기도 합니다. 이는 선포되는 한 편의 설교가 죽어가는 영혼을 살릴 수 있다는 믿음 때문입니다.

셀렉터들은 품질을 기록합니다

커피 셀렉터들은 Q-grader 자격을 바탕으로 향미를 수치화하고, 결점두를 구분하며, 산지별 데이터를 남깁니다. 그들의 노트는 커피의 '정체성'을 보존하는 보고서이며, 나중에는 좋은 커피를 전 세계에 유통시키는 기초가 됩니다. 또한, 그들은 산지 농부들과 품질 향상을 위한 교육도 함께합니다. 이는 단순한 거래가 아닌, 지속 가능한 파트너십입니다.

목회자는 성경의 본문을 중심으로 오늘날의 시대를 해석하고, 복음의 본질을 데이터화하듯 신학적 언어로 정리합니다. 이들은 설교자이자 신학자이며, 동시에 시대의 해석자입니다. 또한, 말씀 셀렉터인 목회자들은 성도들을 교육합니다. 어떻게 살아야 하는지, 말씀은 무엇을 요구하는지를 풀어내고, 신앙의 열매를 맺도록 돕습니다. 그 가르침은 때로 설교보다 더 깊이 사람을 변화시킵니다.

커피의 공정무역과 하나님의 공의

커피는 생산국과 소비국 간 불균형이 심한 대표적인 산업입니다. 커피 셀렉터는 중간 단계를 줄이고, 직접 거래를 통해 공정한 가격을 농부에게 제공하며, 지역 경제를 살리는 역할을 합니다. 커피는 윤리적일 때 더욱 향기롭습니다.

말씀도 마찬가지입니다. 오늘날 교회 안에서 복음이 종종 왜곡되어 소비되고, 자극적인 언어와 인기에 포장된 '편리한 복음'이 넘쳐납니다. 말씀 셀렉터는 중간 왜곡 없이, 하나님의 공의와 말씀을 여과 없이

전합니다. 유익보다 진리를, 감동보다 순종의 삶을 강조하며, 진짜 복음의 힘을 회복하게 합니다. 복음의 선포를 통해 이루어지는 하나님의 공의, 그것이 진짜 설교자의 사명입니다.

셀렉터들이 있기 때문에

커피 셀렉터는 고된 현장을 누비며 좋은 커피를 찾아냅니다. 이들의 수고가 있었기에 우리는 진짜 향기로운 커피를 마십니다. 말씀 셀렉터인 목회자는 고독한 서재에서 진리의 한 구절을 길어 올립니다. 그렇게 진짜 살아있는 복음의 말씀을 들을 수 있습니다. 그 한 잔이 오늘을 풍요롭게 하고, 그 한 말씀이 인생을 바꾸는 순간이 되기도 합니다.

오늘도 이 세상 어딘가에서 한 명의 셀렉터가 숨겨진 보석 같은 커피를, 한 명의 목회자가 숨겨진 생명 같은 말씀을 찾아 나섭니다. 이 모습을 상상만 해도 감동이 됩니다.

커피는 뜨거운 물에 내려봐야 한다

커피는 물을 붓기 전에는 고체 형태나 분말로 존재합니다.

그 상태에서는 향과 맛이 가능성으로만 머물러 있을 뿐, 그 진면목은 드러나지 않습니다. 하지만 뜨거운 물이 닿는 순간 모든 것이 변합니다. 열과 수분이 원두 속 세포벽을 열고, 그 안에 숨겨져 있던 향과 맛이 세상으로 흘러나옵니다. 달콤함, 은은한 산미, 깊은 쌉쌀함, 때로는 예상치 못한 향기로움까지….

커피는 뜨거움을 만나야 비로소 자기의 본모습을 드러냅니다.

커피를 내릴 때 다크하게 볶여진 커피는 80℃ 중후반의 온도로 내리는 것이 좋고 일반적으로는 93℃에서 내리는 것이 좋습니다. 95℃가 넘어가면 쓴맛과 카페인이 많이 추출되어서 좋지 않습니다.

뜨거움 속에서 드러나는 사랑의 깊이

사랑도 그렇습니다. 평온할 때의 사랑은 향기롭지만, 그 깊이는 잘 보이지 않습니다. 부부든, 친구든, 신앙 공동체든, 모두가 평안할 때는 관계 속 진심이 가려져 있습니다. 그러나 고난과 역경, 상실, 고통과 같은 '뜨거운 물'이 부어질 때, 사랑의 진짜 모습이 나타납니다.

진정한 사랑은 고난 중에 알게 됩니다. 어려운 일을 만나면 본색이 드러납니다.

어떤 관계는 그 뜨거움 속에서 금세 식어버리고 쓴맛만 남기지만, 어떤 사랑은 오히려 더 깊고 진한 향을 발합니다. 뜨거운 물을 통과한 커피가 복합적인 향미를 내듯, 시련 속에서 함께 울고 기도하며 버틴 사랑은 그 깊이와 향이 다릅니다.

커피 역사 속 뜨거움의 교훈

1906년, 독일의 가정주부 멜리타 벤츠(Melitta Bentz) 여사는 커피 속 미세한 가루 때문에 탁하고 쓴맛이 강했던 기존 추출 방식에 늘 불만을 느꼈습니다. 어느 날, 그녀는 조카의 공책에서 한 장을 뜯어 커피 가루 위에 얹고 뜨거운 물을 부었습니다. 불순물은 종이에 걸러지고, 맑고 향기로운 커피가 흘러나왔습니다.

그 발명은 곧 상품화되었고, 같은 해 이탈리아 밀라노 박람회(Expo 1906)에서 '멜리타 드립'이라는 이름으로 세계에 첫선을 보였습니다. 이 작은 발명은 커피 문화를 바꿨고, 오늘날 우리가 즐기는 드립 커피 문화의 시초가 되었습니다. 뜨거움과 물, 그리고 올바른 여과가 만나야 진정한 향미가 드러난다는 것을 보여준 역사적 사건이었습니다.

성경이 말하는 뜨거움

베드로전서 1장 7절은 이렇게 말합니다.

"너희 믿음의 시련이 불로 연단하여도 없어질 금보다 더 귀하여 예수 그리스도께서 나타나실 때에 칭찬과 영광과 존귀를 얻게 하려 함이라."

신앙의 '뜨거운 시련은 우리 믿음을 연단하고, 불순물을 걸러내며, 순수한 사랑만 남기기 위한 하나님의 계획 가운데 허락된 것입니다.

뜨거움을 피하지 않는 삶

커피를 내릴 때 물의 온도를 세심하게 조절하듯, 인생의 시련도 하나님의 섭리 안에서 조율됩니다. 커피 추출 온도가 너무 낮으면 깊은 맛이 생기지 않고, 너무 높으면 쓰고 떫어서 마실 수 없는 것처럼 하나님은 우리를 성숙하게 만드는 '적절한 뜨거움'으로 녹여나가십니다.

그러니 뜨거움을 두려워하지 마십시오. 뜨거움을 만나본 커피가 진짜 커피가 되듯, 뜨거움을 견뎌낸 사랑이야말로 진짜 사랑을 알게 됩니다.

하나님은 어쩌면 우리로 하여금 더 깊이 사랑하며 살게 하시기 위해, 때때로 인생이라는 드리퍼 위에 뜨거운 물을 부으시는지도 모릅니다.

커피가 뜨거운 물을 만나 향을 발하듯, 사랑도 고난 속에서 비로소 향기롭고 진하게 피어납니다. 그리고 그 향은, 마치 새벽에 내려진 커피 향처럼, 오랫동안 삶과 신앙 속에 남아 은혜의 흔적을 남기게 될 것입니다.

감칠맛 교인

최근 최 집사는 한 달 넘게 감기로 고생했습니다. 열은 없는데 기침과 몸살 때문에 얼마나 힘들었는지, 겨우 몸이 나아지니 이번에는 입맛부터 잃어버렸습니다. 자주 다니던 회사 앞 맛집도 예전처럼 맛있게 느껴지지 않았습니다. 아무래도 감기약을 오래 먹은 부작용이 아닌가 싶고, 이 기회에 다이어트라도 해볼까 싶었습니다.

건강한 사람에게는 식욕이 있습니다. 식욕을 돋우는 것은 혀에 있는 미각세포입니다. 사람이 음식을 먹거나 마실 때, 입 안 신경세포가 그 맛을 음미해 뇌로 신호를 보내주니, 기분도 좋아지고 만족감도 느낄 수 있는 것입니다.

커피에는 약 800가지 이상의 향기 성분이 있지만, 맛만 놓고 보면 쓴맛, 단맛, 신맛, 짠맛, 그리고 감칠맛까지 다섯 가지뿐입니다. 이 맛들은 모두 커피에 원래 들어 있거나, 커피를 볶는(로스팅) 과정에서 생겨납니다. 그리고 이 다섯 가지 맛을 완성해 주는 맛이 바로 감칠맛입니다.

감칠맛은 다시마 육수나 표고버섯, 멸치 국물 같은 데서 많이 느껴지는 맛입니다. 그런데 커피에서도 이런 맛을 '우마미'라고 부릅니다. 일본어의 '우마이(旨い, 맛있다)'와 '미(味, 맛)'가 합쳐진 말인데, 1908년 일본 화학자 이케다 기쿠나에가 다시마에서 글루탐산을 발견하면서 전 세계적으로 인정받게 되었습니다. 더 나아가 그는 글루탐산이 바로 감칠맛을 만들어낸다는 사실을 확인하고, 이것을 바탕으로 조미료 MSG(글

루탐산나트륨)도 개발하게 되었습니다.

맛없는 음식도 조미료가 들어가면 훨씬 맛있어집니다. 한동안은 우리나라에서 "MSG가 건강에 해롭다"라는 얘기가 있었지만, 근거 없는 낭설이라는 것이 밝혀졌습니다. 지금은 오히려 조미료가 들어가지 않은 음식을 찾아보기조차 어려울 정도입니다.

어떤 맛이 나야 커피가 좋은 커피로 평가받을까요?

쓴맛이 너무 강하면 정말 쓰기만 한 커피가 되고, 신맛이 지나치면 마시기 힘들어집니다. 결국 단맛, 쓴맛이 모두 적절히 균형을 이뤄야 하는데, 거기에 감칠맛까지 더해진다면 아주 훌륭한 커피가 완성됩니다. 감칠맛은 커피의 부족한 맛과 향을 보완해 주는 아주 중요한 역할을 합니다.

교회에도 다양한 교인들이 있습니다. 쓴소리를 잘하는 교인도 있고, 톡톡 튀는 신맛 같은 교인도 있지요. 아주 부드럽고 친절한 교인도 있고, 조금 재미없고 무미건조한 모임도 그 교인만 오면 신기하게 활기가 살아나는 소금 같은 교인도 있습니다.

누구 하나 과하게 튀지 않고 서로 균형이 잘 맞으면, 모두 다 소중한 교회의 일꾼이 됩니다. 그런데 거기에 감칠맛 나는 교인이 들어오면 어떨까요? 그때부터는 교회가 정말 맛있고 향기롭고 행복해지는 교회가 될 것입니다. 지금은 교회마다 감칠맛 교인이 필요한 시기입니다.

커피 도제(徒弟)와 신앙의 길

커피의 세계에서 실력은 책이나 이론으로만 쌓이지 않습니다. 바리스타라는 직업이 그렇듯, 한잔의 커피에는 손끝의 감각, 눈으로 익히는 디테일, 그리고 몸으로 체득하는 경험이 고스란히 담기기 때문입니다.

그래서 오래전부터 커피는 도제 과정을 통해 전수(傳受) 되어 왔습니다. 선배의 손을 유심히 관찰하고, 스승의 움직임을 따라 하며, 작은 습관 하나까지 몸에 새겨 넣는 과정이 바로 배움의 길이었던 것입니다. 제빵·제과나 도자기 기술이나 그 어떤 전문성을 요구받는 기술이 필요한 분야는 글로 배울 수 없고, 반드시 눈으로 보고 손으로 익혀야 하는 법입니다.

유럽에서의 마에스트로 전통

이러한 도제 과정의 뿌리는 유럽의 '마에스트로(Maestro)' 전통에서도 찾아볼 수 있습니다. 마에스트로란 원래 음악과 미술, 그리고 장인 세계에서 스승을 뜻하는 말이었습니다. 르네상스 시대의 이탈리아에서는 화가와 조각가들이 작업장을 운영하며 제자들을 거두었고, 제자들은 수년간 스승의 곁에서 붓을 씻고 물감을 개며, 반복된 모작(模作)을 통해 점차 기술을 익혔습니다.

커피 역시 이 흐름을 이어받아, 이탈리아의 바(Bar) 문화 속에서 자연스럽게 도제적 전통이 자리 잡았습니다.

바리스타는 단순히 커피를 내리는 기술만 익히는 것 뿐만 아니라, 스승에게 커피의 온도, 물줄기의 흐름, 잔을 돌리는 각도까지 배우며, 그 환대의 정신을 익혀야 했습니다. 바리스타가 생활 예술가로 존중받았던 이유가 여기에 있습니다. 스승이 옆에서 시연하고, 제자가 그것을 묵묵히 바라보며 몸에 새기는 과정은, 기술이 기능을 넘어 예술로 승화되는 순간이었습니다.

신앙의 배움 또한 관찰에서 시작된다

신앙생활 또한 이와 다르지 않습니다. 신앙은 교과서적 지식이 아니라 삶 속에서 흘러나오는 향기와 같습니다. 그래서 먼저 신앙생활을 잘하는 선배들을 바라보고, 그들의 기도와 헌신, 인내와 사랑을 관찰하며 배우는 것이 무엇보다 중요합니다. 마치 바리스타 제자가 스승의 손동작 하나를 놓치지 않으려 눈을 크게 뜨듯, 신앙의 후배 역시 믿음의 선배를 유심히 바라보아야 합니다.

사도 바울은 고린도전서 11장 1절에서 이렇게 말했습니다.

"내가 그리스도를 본받는 자 된 것 같이 너희는 나를 본받는 자 되라."

이 말씀은 곧 신앙의 길도 도제의 길임을 보여주는 말씀이라 할 수 있습니다. 눈으로 보고, 귀로 듣고, 삶으로 따라하는 그 과정을 통해 신앙은 점차 깊어지고 단단해집니다.

커피와 신앙, 전수되는 향기

커피 한 잔에 담긴 깊은 향이 스승에게서 제자로 전해지듯, 신앙의 향기도 그렇게 이어집니다. 글로 배울 수 없는 손끝의 감각처럼, 신앙의 진실함도 단순히 지식뿐만 아니라 선배들의 삶을 통해 스며듭니다. 우리가 믿음의 선배를 존경하며 관찰하고 따를 때, 언젠가 우리도 또 다른 누군가의 스승이 되어 신앙의 향기를 전해줄 수 있을 것입니다.

커피와 신앙생활은 닮아 있습니다. 둘 다 머리로 배우는 것이 아니라 눈으로 보고, 삶으로 익히는 것입니다. 커피가 장인의 손끝에서 완성되듯, 신앙도 믿음의 선배들의 삶 속에서 아름답게 빚어지는 것입니다.

초심을 잃은 커피,
맛을 잃은 소금

얼마 전, 저는 오랜만에 고성에 자리한 단골 막국수집을 찾았습니다. 처음 열었을 때, 손님이 별로 없었지만 깜짝 놀랄만큼 그 맛은 정말 훌륭했습니다. 그 후로 강원도에 갈 때마다 막국수를 먹기 위해 일부러 고성까지 찾았을 정도죠. 주인의 손맛은 정직했고, 국수 한 그릇에 온 마음이 담겨 있었습니다. 쫄깃한 메밀의 고소함, 맑고 깊은 육수의 시원함, 그리고 소담한 반찬 한 접시의 온기까지 모든 것이 한 그릇에 담긴 '진심' 그 자체였습니다.

재료가 달라지면··· 변해버린 익숙함

그러나 이번 방문에서, 저는 낯선 기시감(旣視感)을 느꼈습니다. 익숙했던 맛이 어딘지 모르게 변해 있었습니다. 입안 가득 퍼지던 깊은 풍미가 사라지고, 가볍고 텅 빈 맛이 맴돌았습니다. 처음엔 혹시 제 입맛이 변한 것인가 생각했지만, 몇 젓가락을 더 먹고 난 후 확신이 들었습니다. '아! 이 가게도 변했구나.'

장사가 번창하고 손님이 줄을 잇자, 주인은 어쩌면 효율과 수익이라는 미명(美名) 아래 원가를 낮추기 위해 더 값싼 재료를 선택했을지도 모릅니다. 처음의 정직했던 진심은 그렇게 효율이라는 날카로운 칼날에 조금씩 베이고 희석되어 갔습니다. 저는 결국 그 집을 나오면서 다시는 오지 말아야겠다고 생각했습니다.

맛을 이루는 조건: 정직과 정성

커피 역시 마찬가지입니다. 정말 좋은 커피는 값비싼 기계나 화려한 포장재가 아닌, '정직한 원두'에 달려 있습니다. 그리고 맛있는 커피는 향과 맛, 그 이전에 원두를 다루는 '정성'에 있습니다. 원가를 줄이고자 품질 낮은 커피를 사용한다면, 아무리 잘 볶고 정성스럽게 내려도 그 맛은 변질될 수밖에 없습니다. 진심이 사라진 순간, 커피는 더 이상 우리에게 감동을 주는 커피가 될 수 없습니다. 맛이 변한 막국수 맛에 실망하며 식당을 떠나던 순간, 성경 말씀이 떠올랐습니다.

"너희는 세상의 소금이니 소금이 만일 그 맛을 잃으면 무엇으로 짜게 하리요." (마태복음 5:13)

변질된 인생, 그리고 그 운명

소금의 존재 이유와 가치는 '짠맛'에 있습니다. 만일 소금이 그 맛을 잃으면 아무 쓸모가 없어져, 밖에 버려지고 사람들의 발에 밟히는 신세가 될 뿐입니다. 이 말씀은 우리의 인생, 나아가 우리의 신앙에도 날카롭게 적용됩니다.

처음 믿을 때 느꼈던 뜨거운 마음, 처음 봉사를 시작하며 가슴 뛰던 설렘, 하나님을 향한 첫사랑의 순수함은 지금 어디에 있을까요? 시간이 흐르고, 신앙생활이 형식적이 되면서, 우리는 종종 처음의 정직함과 진심을 슬그머니 잃어버리게 됩니다.

맛을 잃은 소금처럼, 맛이 변한 커피처럼, 교회와 성도들이 본질을 상실한다면, 아무리 겉모습이 번지르르하고 견고해 보여도 그 안에는 사람의 마음을 울리는 감동이 없을 수밖에 없습니다.

처음의 맛을 지키는 다짐

저는 그 막국수집을 뒤로하고 돌아서며, 식당에 있는 자판기 커피를 빼서 한 모금 마셨는데, 심각하게 화학적인 맛이 강하게 나서 도저히 마실 수 없었습니다. 그 가게는 돈을 더 많이 벌기 위해 원가를 심하게 줄이고 있었던 것입니다. 이렇게 운영한다면 머지않아 손님들의 외면을 받게 될 것 같아 안타까웠습니다. 그 순간 제 마음 깊은 곳에서 이런 질문이 떠올랐습니다.

"나는 지금, 처음 믿었던 그 순수하고 뜨거웠던 첫사랑의 맛을 지키고 있는가?"

커피든, 믿음이든, 아니면 우리네 인생이든, 처음의 진심을 지키는 것이 가장 어렵습니다. 하지만 그것이 결국 가장 값지고 영원한 가치입니다. 맛이 변한 음식점이나 카페는 소비자의 외면을 받게 됩니다. 맛을 잃은 소금은 버려지고 다시 쓰이지 않습니다.

하지만 처음의 순수한 마음을 잃지 않고 진실되게 살아온 사람은, 하나님이 찾아 쓰시는 하나님의 사람이 됩니다. 변질되지 않은, 영적 순수성과 진실을 지켜내는 사람의 말에는 영향력이 있고, 그 섬김에는 깊은 맛이 있습니다.

오늘도 커피 한 잔을 조용히 내리며, 저는 다시 다짐합니다.

"주님, 제가 변질되지 않게 도와주세요. 항상 진실되게 하시고, 첫사랑을 회복하게 하시며, 그리하여 언제나 깊고 정직한 맛을 내는 삶을 살게 도와주세요."

PART 6

커피는 선교 도구가
될 수 있나

![coffee bean icon]

커피의 고향,
그리고 10/40 Window

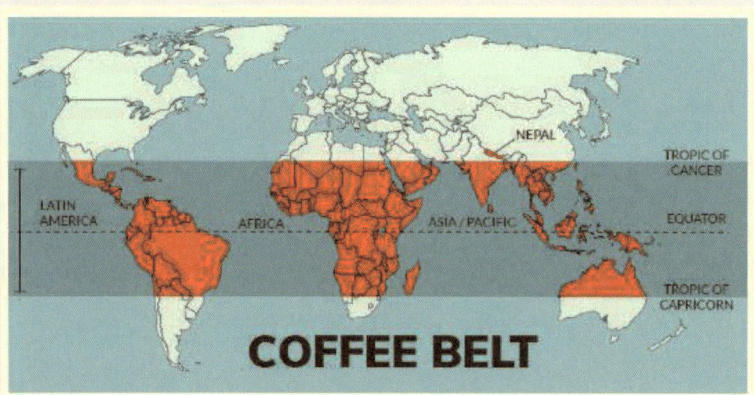

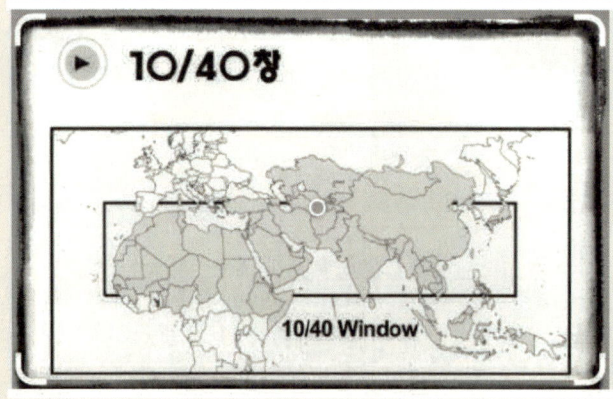

커피의 고향

지금도 추석 명절에 고향에 다녀오는 분들이 많이 있습니다. 고향은 언제나 그리운 곳입니다. 그러나 아쉽게도 우리네 고향은 추억에만 남아있을 뿐 이미 우리가 기억하는 고향이 아닐 수 있습니다. 어릴 적 뛰어놀던 고향의 산과 들은 이미 대단지 아파트촌이 되어있기도 하고, 부모님이 돌아가셔서 더 이상 갈 수 없는 곳이 되기도 합니다.

커피에도 고향이 있습니다. 그것은 거의 대부분 아프리카 또는 중남미 아메리카나 동남아시아의 산골에서 온 것들입니다. 일부 국내 생산되는 소량의 커피는 관상용이나 연구용 정도일 뿐이고, 해마다 정말 어마어마하게 많은 커피 생두가 수입되고 있습니다.

사실 이들 커피는 원산지 농부들의 손길을 통해서 재배되고 수확된 것들입니다. 우리가 직접 대하지는 않았지만 커피 한 잔에는 그들의 수고가 진하게 담겨 있습니다. 커피는 전 세계인들이 즐겨 마시는 음료가 된지도 이미 오래되었습니다.

그런데 커피의 고향은 대부분 가난하고 어려운 나라들입니다. 콜롬비아나 케냐처럼 체계적으로 커피를 재배하고 수확하는 곳은 극히 일부에 불과합니다. 그러나 그런 나라들도 커피 노동자들의 경제적인 상황은 매우 어렵습니다. 하루 일당이 고작 2~3달러에 불과하니 우리가 마시는 커피 한 잔 값도 안 되는 돈으로 온 가족의 생계를 책임져야 하기 때문입니다.

공정무역 커피 운동

'공정무역 커피 운동'은 1980년대에 시작되었습니다. 특히 1988년 네덜란드에서 "Max Havelaar"라는 이름의 공정무역 인증 라벨이 등장하면서 본격적인 공정무역 커피 시장이 형성되었으며, Max Havelaar의 성공 이후 점차 국제적인 공정무역 인증 기구들이 생겨나면서 1997년에는 FLO (Fairtrade Labelling Organizations International, 현재의 Fair trade International)가 설립되었습니다.

이 운동의 목적은 커피 생산자들에게 더 공정한 가격을 지급하고, 지속 가능한 농업을 장려하며, 노동 조건을 개선하려는 것입니다. 특히 커피 생산이 이루어지는 개발도상국의 소규모 농부들에게 혜택을 주고, 그들이 빈곤에서 벗어나도록 돕는 것을 목표로 하고 있습니다.

커피 생산국이 선교 대상국

"10/40 Window"는 선교 전략 용어로, 세계에서 복음화가 가장 덜 된 지역을 말하는데, 1990년대에 기독교 선교 전략가인 루이스 부쉬 (Luis Bush)에 의해 처음 제안되었습니다. 10/40 Window는 지리적 위치에 따라 북위 10도에서 40도 사이에 있는 국가들 즉, 북아프리카, 중동, 아시아의 일부 국가들이 포함되어 있습니다. 그런데 대부분의 커피 생산국이 10/40 Window와 일치합니다.

에티오피아, 케냐, 탄자니아, 르완다, 우간다, 콜롬비아, 과테말라, 코스타리카, 멕시코, 브라질, 인도네시아, 태국, 베트남, 미얀마, 필리핀 등 이름만 들어도 알 수 있는 선교대상국이 커피의 주요 생산국입니다.

선교대상국 나라의 주 수입원이 커피이고, 그 국민들의 대다수가 커피산업에 종사하고 있다는 점에서, 커피는 아주 중요한 선교의 매개체가 될 수 있습니다.

해마다 우리나라에서는 다양한 커피행사가 열립니다. 그런데 그 행사들마다 커피 생산국들은 자국의 대사들을 파견하고 적극적으로 홍보하고 있습니다. 그만큼 그들에게 커피는 매우 중요한 산업이라는 뜻입니다.

지금 선교지에서는 많은 선교사들이 비자문제로 어려움을 겪고 있다고 합니다. 한국교회의 지원도 크게 줄어들고 있는 것도 현실입니다. 80~90년대에 파송된 선교사들도 이제 은퇴할 시점이 되어서 은퇴 이후를 고민한다는 이야기도 들립니다.

이제 대한민국의 교회는 커피를 통한 비즈니스 선교에 관심을 기울일 때가 되었습니다. 더 늦기 전에 커피를 통한 비즈니스 선교모델을 수립하고 지원하며 실행하는 것을 통해서 전략적으로 접근해야 할 것입니다.

만약에 한국교회와 선교사들이 커피를 통한 지원사업을 진행한다면, 이 일은 아마도 커피 생산국 정부의 환영을 받게 될 수도 있고, 선교사들의 새로운 선교의 지평이 열리게 될 수도 있습니다.

커피는 단순한 음료가 아니라 선교의 중요한 도구가 될 수 있습니다.

커피 바리스타 자격증,
꼭 필요할까?

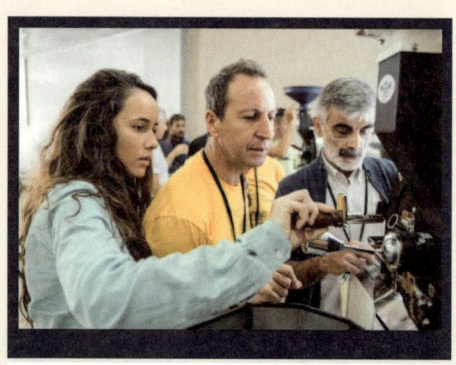

목회와 선교를 위한 새로운 도구_ 바리스타 자격증

과거에는 말만으로도 전도가 되었던 시대가 있었습니다. 하지만 오늘날 한 영혼을 구하기 위해서는 다양한 접근이 필요한 시대가 되었습니다. 바리스타 자격증은 사람들과 접촉하기 위한 새롭고 강력한 복음의 도구입니다. 바리스타 자격증은 국내 자격증과 국제 자격증으로 나눌 수 있습니다. 국내에서는 국가자격증은 없고 한국커피협회, 커피비평가협회(CCA), 커피품평협회(CCAK)와 같은 다양한 민간 바리스타 발급기관이 있습니다.

국제 자격증으로는 '스페셜티 커피협회(Specialty Coffee Association, SCA)'에서 발급하는 자격증이 가장 권위 있고 세계적으로 인정받고 있습니다. SCA 자격증은 커피의 재배부터 추출까지 전반적인 과정을 깊이 있게 다루며, 바리스타로서의 전문성을 세계 어디서든 증명할 수 있는 강력한 도구가 됩니다. 특히 선교지에서 활동할 때 SCA 자격증은 현지에서 직업을 얻거나 교육 활동을 하는 데 있어 매우 큰 유익을 제공합니다.

커피, 평범한 음료가 아닌 '복음의 언어'

전통적인 전도와 선교 방식이 점차 제약을 받는 시대에, 커피는 새로운 언어가 되어 사람들과의 접촉점을 만들어 줍니다. 바리스타 자격증은 커피를 잘 내리는 기술을 넘어, 문화와 사람을 이해하고, 자연스러운 대화를 시작하게 하는 도구가 됩니다. 특히 SCA 자격증은 스페셜티 커피에 대한 깊이 있는 이해를 바탕으로, 단순한 음료 제공을 넘어 커피에 얽힌 스토리와 문화를 나눌 수 있게 해줍니다.

커피를 마시고 가르치는 일은 호의를 넘어 상대와의 깊이 있는 교감으로 이어질 수 있습니다.

예를 들어, 교회나 캠퍼스, 또는 지역사회에서 커피 나눔 행사를 진행할 때, 자격증을 갖춘 바리스타가 정성껏 내린 커피는 사람들에게 신뢰감과 호감을 형성합니다. 이 과정에서 "왜 이렇게 섬기는가?"라는 질문을 받게 될 때, 커피에 관한 지식과 능력으로 무장한 이들은 확신 있게 이렇게 대답할 수 있을 것입니다. "당신을 알고 싶고, 당신을 사랑하시는 하나님의 마음을 전하고 싶기 때문입니다."

자비량 선교의 문을 여는 강력한 도구

오늘날 많은 선교 대상 국가에서는 직업 없이 체류하거나 사역하는 것이 매우 어려운 환경에 처해 있습니다. 이러한 환경 속에서 SCA 바리스타 자격증은 선교를 이어나가는 좋은 수단이자, 복음을 전할 수 있는 매우 실용적인 선교 도구가 됩니다.

SCA 자격증은 전 세계적으로 그 가치를 인정받기 때문에, 선교지에서 카페 창업, 현지 취업, 또는 커피 교육 사역을 시작할 때 유리한 위치를 선점할 수 있습니다. 카페 창업, 현지 취업, 커피 교육 사역 등은 자립과 동시에 복음의 확장을 가능하게 합니다. '현지 주민과의 신뢰 관계 형성', '문화적 장벽 해소', '수평적인 관계 맺기'는 모두 바리스타 사역을 통해 자연스럽게 이루어집니다.

'다음세대'와의 공감과 연결

교회 내 바리스타 사역은 특히 '다음세대'와의 관계 형성에 탁월한 매개가 됩니다. 청소년과 청년들은 교리적 가르침보다 먼저, 관심과 공감을 원합니다. 그들에게 "같이 커피를 만들어 볼까?" 또는 "커피를 배워보지 않을래?"라는 말은 눈높이를 낮춘 소통의 출발점이 될 수도 있습니다.

청년부를 대상으로 바리스타 클래스를 열거나, 교회 내 커피 공간을 운영하는 것도 매우 효과적인 방법일 것입니다.

이처럼 전문적인 바리스타 교육을 통해 얻은 SCA 자격증은 다음 세대에게 새로운 비전과 기술을 전수하는 통로가 될 수 있습니다.

실천적 선교를 위한 '기술과 섬김의 만남'

오늘날 선교는 전통적인 교회의 영역 안에서만 이뤄지지 않습니다. 바리스타 교육은 교회가 지역사회와 소통하는 창구가 될 수 있으며, '노년 사역'이나 '청년 자립 사역', '이주민과 탈북민을 위한 교육 사역'에도 활용될 수 있습니다.

또한 '실버 바리스타 양성과정'을 통해 노년세대에게 새로운 자존감을 부여하고, 이들의 활동 무대를 넓힐 수 있으며, 커피를 통해 '사회적 기업 모델'을 구현할 수도 있습니다. 이처럼 바리스타 자격증을 취득하는 일은 복음의 확장을 실질적으로 돕는 기술이 될 수 있습니다.

사도 바울이 자비량 선교를 감당했던 이유는 "아무에게도 폐를 끼치지 않고 선교를 이어나가기 위함"이었습니다. 바울은 이른바 '텐트메이커 사역'을 통해서 선교를 이어나갈 재정을 충족했고, 선교 동역자를 만날 수 있었던 것입니다. 오늘날 우리도 '커피 바리스타 자격증' 취득과 활용을 통해 그 전통을 이어갈 수 있을 것입니다.

그런 의미에서 본다면 바리스타 자격증, 그것은 이 시대를 살아가는 사역자들에게 주어진 복음 전도를 위한 또 다른 선교의 도구라고 할 수 있을 것입니다. 여러분은 커피 바리스타 자격증 취득을 통해 더 많은 영혼과 소통하고, 복음의 온기를 나눌 준비가 되셨습니까?

스타벅스와
임대교회

현대인의 삶에서 커피는 단순한 음료만은 아닙니다. 커피 한 잔을 마시며 잠시 숨을 고르고, 대화를 나누며 마음을 나누기 때문입니다. 흥미로운 것은, 이러한 커피 문화가 임대교회라는 공간과 만날 때 더욱 깊은 의미를 가진다는 것입니다. 주일 외에는 비어 있는 임대교회의 공간을 커피와 결합해 지역사회를 위한 모임 장소로 활용하는 것은 단순히 공간의 효율성을 넘어, 복음의 환대 정신을 전하는 새로운 길이 될 수 있습니다.

비어 있는 공간, 깨어 있는 환대

임대교회는 주일에만 사용되는 경우가 많아, 나머지 시간 동안은 텅 빈 채로 남아 있습니다. 하지만 이 비어 있는 시간을 지역사회를 위한 카페 공간으로 재활용한다면 어떨까요? 커피의 향기가 가득한 공간에서 사람들은 부담 없이 들어와 휴식을 취하고, 자연스럽게 대화의 꽃을 피울 수 있습니다. 성경 속에서 아브라함이 낯선 손님을 대접했던 장면처럼, 카페형 교회는 누구에게나 열려 있는 환대의 공간이 될 수 있습니다.

특히, 교회라는 공간이 주는 낯섦과 부담감을 커피가 부드럽게 녹여줍니다. 교회를 찾는 첫걸음이 어려운 이들에게 커피는 하나의 다리가 됩니다. 커피 한 잔을 마시며 마음의 문을 열고, 자연스럽게 신앙의 대화를 이어가는 공간, 그것이 바로 카페형 교회가 가진 힘입니다.

스타벅스 효과와 카페교회의 선한 영향력

"스타벅스가 부동산업을 한다"는 말이 있을 정도로, 스타벅스가 입점한 지역의 상권과 부동산 가치가 상승하는 것은 널리 알려진 사실입니다. 스타벅스는 유동 인구가 많고 접근성이 좋은 핵심 입지를 선택해 매장을 엽니다. 이로 인해 주변 상권이 활성화되고, 사람들의 발길이 이어집니다.

비교적 도심에 자리하고 있는 임대교회가 주중에 카페로 운영된다면 비슷한 효과를 기대할 수 있을 것입니다. 지역 주민들은 부담 없이 교회에 들러 커피를 마시며 휴식하고, 자연스럽게 교회의 존재와 따뜻함을 느낄 것입니다. 특히, 교회가 단순히 종교적인 공간이 아니라, 삶의 이야기를 나누고 고민을 털어놓을 수 있는 '열린 공간'이 된다는 점에서 그 가치가 큽니다.

복합 문화 공간으로서의 카페형 교회

카페형 교회는 단순히 커피를 파는 장소가 아닙니다. 커피와 함께 다양한 프로그램을 운영할 수 있습니다. 예를 들어, 성경공부와 인문학 강의, 신앙과 삶을 주제로 한 북클럽, 찬양과 커피가 함께하는 미니 콘서트 등이 가능합니다. 이 모든 프로그램은 지역 주민들에게 교회라는

공간을 친숙하게 만들어 줍니다. 커피를 팔면 장사꾼이 되고, 문화를 가르치면 선생이 됩니다.

또한, 청년들을 위한 공유 오피스 형태의 운영도 고려해 볼 만합니다. 커피를 마시며 공부하거나 일을 할 수 있는 공간을 제공하고, 필요하다면 목회자와의 상담이나 짧은 기도도 이어질 수 있습니다. 이렇게 커피는 신앙과 삶을 연결하는 촉매제가 될 것입니다.

커피와 환대: 복음의 향기를 전하다

성경은 환대의 중요성을 강조합니다. 예수님께서 제자들과 식사를 나누시며 진리를 가르치셨던 것처럼, 커피를 매개로 한 소통은 복음의 환대 정신을 실천하는 방법입니다. 커피 한 잔을 내어주며 건네는 따뜻한 인사, 힘든 이에게 전해주는 진심 어린 위로는 그 자체로 작은 선교입니다.

자립과 선교: 카페형 교회의 재정적 지속 가능성

비록 많은 수입은 아니라도 주중 카페 운영을 통해 수익이 발생할 수 있습니다. 이때 발생한 수익은 교회의 자립을 돕고, 선교와 구제 활동의 재정으로 활용될 수 있습니다. 임대료와 운영비로 인해 어려움을 겪는 소형 교회에게는 새로운 돌파구가 될 수 있습니다. 카페 운영을 통해 수익을 창출하고, 이를 다시 지역사회를 위해 사용하는 선순환 구조가 가능해집니다.

특히, 커피 수익의 일부를 어려운 이웃을 위한 무료 급식이나 장학금으로 사용한다면, 교회는 지역사회에서 더욱 신뢰받는 공동체가 될 것입니다. 이는 단순히 재정적 자립을 넘어, 복음의 나눔을 실천하는 구체적인 방법이 될 것입니다.

커피, 교회, 그리고 지역사회

커피의 향처럼 은은하게, 그러나 깊이 스며드는 복음. 주중에 비어 있는 임대교회가 카페형 교회로 변신한다면, 그것은 단순히 공간의 효율성을 높이는 것을 넘어 새로운 선교의 길을 열어갈 수 있습니다. 커피 한 잔의 여유 속에서 사람들이 만나고 대화하고 신앙을 나누는 공간, 그곳에서 사람들은 자연스럽게 예수님의 환대와 사랑을 경험할 것입니다.

임대교회의 카페화는 단순히 유행이 아니라, 복음의 따뜻함을 전하는 새로운 선교의 가능성입니다. 커피와 함께하는 교회, 그것이 앞으로의 교회가 나아가야 할 새로운 길이 될 것입니다.

이중직 사역의 도구,
커피

커피 한 잔에 담긴 복음, 텐트메이커 사역의 향기

우리 감리교회는 2016년 1월 14일, 제31회 총회 임시입법의회를 통해 미자립교회 목회자의 '이중직(二重職)'을 제한적으로 허용하는 법안을 통과시켰습니다. 이에 따라 연간 경상비 3,500만 원 이하의 미자립교회 담임목사는 해당 연회 감독의 허락을 받아 이중직을 가질 수 있게 되었습니다. 이는 국내 주요 교단 가운데 최초로 목회자 이중직에 대한 법적 근거를 마련한 사례로, 이후 타 교단에도 적지 않은 영향을 미쳤습니다.

이후 2019년 10월 열린 제33회 총회 입법의회에서는 이중직 허가 없이 다른 직업을 갖는 목회자를 교역자 범과로 처벌하는 조항이 상정되었으나, 정치적 이해관계 속에서 논의되지 못한 채 폐회되었습니다. 이러한 흐름 속에서 미자립교회 목회자들의 생계를 지원하기 위한 교단 차원의 제도적 노력이 더욱 절실해지고 있습니다.

'이중직 목회', 현실과 과제

'이중직 목회' 허용 이후, 미자립교회 목회자들은 합법적으로 생계를 위해 대리운전, 택배, 개인 사업 등 다양한 직업을 병행하고 있습니다. 하지만 상당수의 일자리는 노동 강도가 높아 목회 사역과 병행하기 어려운 경우가 많습니다. 단순히 이중직을 허용하는 것을 넘어, 보다 효과적이고 지속 가능한 방식으로 목회자들의 생계를 지원하는 시스템 구축이 시급한 실정입니다.

이런 현실 속에서 다시금 주목받는 것이 바로 '텐트메이커(Tent Maker) 사역'입니다. 사도행전 18장 3절에 등장하는 사도 바울은 고린도에서 아굴라와 브리스길라 부부와 함께 텐트를 만들며 자비량으로 사역했습니다. 바울에게 '텐트메이킹'은 단순한 생계 수단이 아니라, 사람들과 만나 복음을 전하는 접촉점이었습니다.

텐트메이커 사역과 커피의 만남

'텐트메이커'라는 용어는 사도 바울의 사역에서 유래했습니다. 바울에게 텐트 제작은 단순한 직업이 아니라, 사람들과 교제하고 복음을 전할 수 있는 중요한 수단이었습니다. 이러한 텐트메이커 사역의 원리는 현대에도 여전히 유효합니다.

18세기 모라비안 교도들은 상인과 장인으로서 복음을 전했으며, 현대에는 의료인, 교사, IT 전문가 등이 직업을 통해 복음을 전하고 있습니다. 특히 커피 산업은 선교지에서 효과적인 텐트메이커 사역 모델로 주목받고 있습니다.

커피, 선교의 새로운 가능성

전 세계적으로 카페 운영은 비교적 적은 자본으로 시작할 수 있는 사업 중 하나입니다. 선교지에서는 종교 활동을 이유로 비자를 받기가 어려운 경우가 많지만, 카페 운영은 합법적인 비자 발급의 통로가 될 수도 있습니다. 실제로 중동, 아프리카, 동남아시아 등지에서는 선교 사들이 카페를 운영하며 지역 주민들과 자연스럽게 관계를 맺고, 그들 을 복음으로 초대하고 있습니다.

이뿐 아니라, 커피 농장 운영이나 공정무역 커피 판매를 통해 선교 활동의 지속 가능성을 높이는 사례도 꾸준히 늘고 있습니다. 이는 단 순히 후원에 의존하는 것이 아니라, 자체적인 수익 구조를 만들어 선 교의 자립을 돕는 방식입니다.

카페는 복음을 전하는 데 있어 강요 없이 자연스럽게 대화할 수 있는 공간을 제공합니다. 사람들은 커피 한 잔을 마시며 부담 없이 이야기 를 나누고, 그 과정에서 신앙적인 주제도 자연스럽게 등장할 수 있습 니다.

커피 한 잔의 향기 속에 담긴 복음

커피의 기원을 거슬러 올라가면, 에티오피아와 예멘의 신비주의자들이 밤늦도록 기도하고 묵상하기 위해 커피를 마셨다는 기록이 있습니다. 커피는 본래부터 영적인 성찰과 깊은 연관이 있었던 것입니다.

오늘날의 텐트메이커 사역에서 커피는 단순한 음료가 아닙니다. 커피를 통해 관계를 맺고, 대화를 나누고, 삶을 공유하는 가운데 복음이 자연스럽게 전해집니다. 예수께서 제자들과 식탁을 나누며 복음을 전하셨듯, 현대의 목회자들은 커피 한 잔을 나누며 복음을 전하고 있습니다.

우리 감리교회가 '이중직 목회' 허용 결정을 내린 것은, 작은 교회 목회자들의 어려운 현실을 더 이상 외면할 수 없다는 절박한 인식에서 비롯되었습니다. 이 결정은 텐트메이커 사역의 가능성을 더욱 넓히는 계기가 되었습니다.

이제 커피 한 잔을 마실 때마다, 그 향기 속에 담긴 복음의 가능성을 떠올려 보았으면 합니다. 커피를 통한 이중직 사역의 가능성을 바라보며, 오늘 작은 교회들, 임대교회들이 이중직 사역을 통해 새로운 힘을 얻고, 더욱 꽃을 피우고, 아름다운 열매를 맺기를 소망합니다. 이를 위해 함께 기도하며 응원하겠습니다.

영적 바리스타,
환대의 교회

Spiritual Baristas, a Welcome Church

Why do people visit cafes?

A person who makes espresso-based drinks is called a barista. However, ag good barista is not just someone who makes caffee drinks, but an 'expert in service' who welcomes each customer, providing them with a space to relax even for a moment.

We once visited a newcomer after he registered at the church. Laughing. he explained why: "Pastor, when I first visited thu church, I felt uncomfortable and out of place. But the usher greeted me with a smile, and the church member sitting next to me. offered a warm welcome. So. I decided this was te church I

The same is true for churches. The purpose of the church is to save lost. souls. But without warm hospitality, and service, the weary soul might. leave the church again.

We once visited a newcomer after he registered at he church. Laughing, he explained
"Pastor, when I first visited the church, I felt unconfortabel and out of place. But the usher greeted me with a smile and the church member sitting next to me offered a warm welcome. So. I decided this was the church I had been looking for."

Rather than flashy buildings and eve-catching programs, what is important is becoming a community. that embraces souls with the heart of Jesus Christ. Shouldn't pastors and

사람들이 카페를 찾는 이유?

에스프레소를 기반으로 음료를 만드는 사람을 바리스타라고 말합니다. 하지만 좋은 바리스타는 단순히 커피음료만을 만드는 사람이 아니라 손님 한 사람, 한 사람을 환대하며 잠시나마 마음을 내려놓을 수 있는 공간을 마련해주는 '섬김의 전문가'입니다.

그래서 바리스타가 내리는 커피 한 잔에는 뛰어난 맛만이 아니라 고객을 향한 따뜻한 친절이 담겨져 있습니다. 이 친절이야말로 사람들이 그 카페를 다시 찾게 만드는 가장 강력한 이유입니다. 커피 맛이 아무리 좋아도 직원이 불친절하다면 그곳은 결국 외면당할 수밖에 없습니다.

교회도 마찬가지입니다. 교회의 목적은 잃어버린 영혼을 구원하는 것입니다. 그러나 화려한 건물이나 잘 짜인 프로그램만으로는 사람들을 온전히 끌어들일 수 없습니다. 길 잃고 지친 영혼이 찾아왔을 때 따뜻한 환대와 섬김이 없다면, 그 영혼은 다시금 교회를 떠날지도 모릅니다.

한 번은 교회에 등록한 새가족을 심방했습니다. 그분은 우리 교회에 등록한 이유에 대해서 웃으면서 이렇게 설명했습니다.

"목사님, 제가 처음에 교회에 방문했을 때 낯설고 어색해서 힘이 들었습니다. 하지만 안내위원이 환하게 웃으며 인사해 주셨고, 제가 자리에 앉았을 때 옆에 앉은 교인분들도 저에게 따뜻한 인사를 건네며 여러 가지로 도움을 주었습니다. 그래서 저는 이 교회가 그동안 제가 찾고 있던 교회라고 생각하고 다니기로 했습니다."

그 교인은 교회에 잘 정착하고 신앙생활을 잘하고 있습니다.

세상과 다른 친절, 그것이 교회의 힘

오늘날 많은 이들이 교회보다 카페를 더 편안하게 느낍니다. 과거에는 교회가 문화적 중심지 역할을 했지만, 이제는 TV, 유튜브, 다양한 문화 콘텐츠가 그 자리를 대신하고 있습니다. 단순한 문화적 경쟁력만으로는 더 이상 사람들을 교회로 이끌 수 없습니다.

그렇다면 교회가 붙잡아야 할 것은 무엇일까요? 바로 세상이 줄 수 없는 친절과 섬김입니다. 예수님께서 "인자가 온 것은 섬김을 받으려 함이 아니라 도리어 섬기려 하고"(마 20:28)라고 하신 것처럼, 교회의 본질은 섬김에 있습니다.

바리스타의 친절이 영업을 위한 것이라면, 교회의 친절은 전혀 다른 차원입니다. 그것은 한 영혼을 구원으로 인도하려는 거룩한 사명입니다. 작은 미소, 따뜻한 말 한마디, 진심을 담은 환대가 길 잃은 영혼을 하나님께로 돌아오게 할 수 있다면, 그것보다 더 가치 있는 일은 없습니다.

화려한 건물이나 눈길을 끄는 프로그램보다 중요한 것은 예수 그리스도의 마음으로 영혼을 품고 섬기는 공동체가 되는 것입니다. 바리스타가 커피 한 잔으로 사람의 마음을 감동시키듯, 목회자와 성도는 '친절'과 '섬김'으로 하나님 나라의 문을 여는 '영적 바리스타'가 되어야 하지 않을까요?

커피향기와
뜨거운 눈물

여러분, 믹스커피 좋아하시죠? 저 역시 그렇습니다. 건강상의 이유로 자주 마시지는 않지만, 때로 커피를 내리기 어려운 상황에서는 간편하게 봉지를 뜯어 뜨거운 물을 붓고 조용히 차 한 잔의 여유를 즐기곤 합니다.

믹스커피는 커피 본연의 깊은 향과 달콤함, 그리고 부드러운 우유 성분이 절묘하게 어우러져, 손쉽게 풍성한 맛을 완성해 줍니다. 한 잔의 뜨거운 물에 녹여 마시는 그 순간, 우리는 그 안에서 위로와 휴식을 경험합니다.

그러나 무엇이든 과유불급입니다. 믹스커피 한 봉지의 칼로리는 우리가 섭취하는 밥 한 공기의 3분의 1에 해당한다고 알려져 있습니다. 하루에 세 봉지만 마셔도 한 끼 식사에 해당하는 열량을 섭취하게 되므로, 건강을 위해 적절한 절제가 필요합니다.

우리나라에는 세계에 자랑할 만한 문화 콘텐츠가 많습니다. K-pop, K-food, 그리고 최근의 K-medical까지 세계인들의 이목을 사로잡고 있는 분야는 실로 다양합니다.

그런데 이보다 앞서, 우리가 매우 어려웠던 시절 세계를 향해 조용히 그러나 확실하게 영향을 미친 문화가 있었으니, 그것은 바로 한국형 커피 문화, 특히 '믹스커피'입니다.

믹스커피는 1976년 동서식품이 세계 최초로 선보인 혁신적인 제품입니다. 물론 그보다 앞서, 커피를 간편하게 즐기기 위한 분말커피, 즉 인스턴트커피는 1901년 미국 시카고의 팬아메리칸 박람회에서 일본계 미국인 화학자 사토리 카토(Satori Kato) 박사에 의해 처음 공개되었습니다. 이후 벨기에 출신의 미국 발명가 조지 C.L. 워싱턴이 1909년부터 상업화에 성공하며 대중화의 길을 열었습니다.

인스턴트커피는 2차 세계대전을 통해 전장의 필수품으로 자리 잡았습니다. 미군의 전투 식량인 C-레이션에 포함되며 전 세계 병사들의 일상이 되었고, 한국전쟁과 미군 주둔을 통해 자연스럽게 우리 사회에도 스며들었습니다.

당시 보급된 분말커피 브랜드는 바로 '맥스웰 하우스(Maxwell House)'였습니다. 커피에 듬뿍 넣은 설탕은, 전쟁의 잿더미 속에서도 잠시나마 풍요를 느끼게 해주는 귀한 사치였습니다.

그로부터 수십 년 후, 동서식품은 커피, 설탕, 크림을 한 봉지에 모두 담은 믹스커피를 출시하였고, 이는 전 세계적으로도 유례없는 발명으로서 커피 음료의 대중화에 혁신을 가져왔습니다. 한국의 커피 문화는 이렇게 어렵고 열악한 시절에도 창의적인 방식으로 발전하며 세계인의 사랑을 받게 된 것입니다.

그렇다면, 이 커피 분말은 어떻게 만들어질까요? 먼저 볶은 원두에서 커피 액을 추출한 뒤, 이를 뜨거운 열풍에 노출시키면 수분이 증발하면서 건조한 가루, 즉 분말커피가 만들어집니다.

그러나 이 방식은 커피 고유의 향미가 대부분 날아가 버리기에, 보다 정교한 냉동건조(freeze-drying) 방식이 개발되었습니다. 동일한 추출액을 급속 냉동한 후, 낮은 압력에서 수분을 제거하는 이 방식은 보다 풍부한 향을 보존한 과립형 커피를 생산할 수 있습니다.

최근에는 여기에 한 걸음 더 나아가, 날아가는 커피의 향 성분을 따로 포집한 후 다시 분말에 첨가하여 향의 밀도를 끌어올리는 고급 제조 방식도 적용되고 있습니다. 우리가 즐기는 대부분의 인스턴트커피는 이처럼 열풍건조 혹은 냉동건조 방식으로 만들어진 것입니다.

이처럼 분말커피는 커피의 본질적 향을 온전히 담아내려는 사람들의 수고와 연구의 결과입니다. 하지만 아무리 정성스럽게 만들어진 분말이라도, 뜨거운 물이 부어질 때 비로소 진정한 향기를 피워냅니다. 이 장면은 마치, 우리의 신앙 여정과도 닮아 있습니다.

분말커피가 뜨거운 물을 만나 비로소 향을 내듯, 인간의 마음 또한 '뜨거운 눈물'을 통해 진실한 향기를 내뿜습니다. 어느새 우리는 그 눈물을 잃어가고 있는 것은 아닐까요? 회개의 눈물, 감사의 눈물, 사랑의 눈물은 메마른 삶을 적시고, 하나님께 드려지는 향기로운 기도가 되어 하늘로 올라갑니다.

교회와 성도들은 눈물을 회복해야 합니다. 감정적인 산물이 아닌, 진정성과 성령의 감동 속에서 흘러나오는 눈물 말입니다. 그 눈물이 메마른 신앙을 다시 적시고, 그리스도의 향기를 이 땅 위에 퍼뜨리게 될 것입니다.

뜨거운 물 한 잔에 믹스커피에서 향기로운 커피가 깨어나듯, 메마른 우리 삶도 뜨거운 눈물로 향기로워질 수 있습니다. 다시 눈물 흘릴 수 있기를, 다시 그리스도의 향기를 세상에 전할 수 있기를 기도합니다.

대체커피와
대체복음?

얼마 전, 종로구 익선동에 위치한 한 대체커피 전문 카페를 방문했습니다. '커피'라는 이름이 붙은 메뉴들이 있기에, 자연스럽게 뜨거운 아메리카노와 아이스 아메리카노, 그리고 카페라떼를 시켰습니다. 짐작은 하고 있었지만, 잔을 입에 대는 순간, 이게 뭐지? 생경함과 어색함을 마주하게 되었습니다.

아마 커피에 익숙하지 않은 분들은 "아, 이게 커피 맛이구나!"라는 감탄이 나올지도 모르겠습니다. 하지만 커피 맛과 향을 아는 전문가로서, 도저히 이 음료를 커피의 대체물로 인정할 수는 없었습니다. 그것은 커피의 모습을 흉내 내긴 했으나, 그 본질에는 닿지 못한 음료였습니다.

그들이 커피의 느낌을 연출하기 위해 사용한 방법의 하나가, 헤이즐넛 향을 소량 첨가하는 것이었습니다. 이 음료를 마시는 순간 익숙하고 고소한 향이 스치듯 퍼지며 향긋하게 느낄 수도 있겠지만, 저는 이 향의 숨겨진 역사적 맥락을 알고 있어서인지 별로 느낌이 좋지는 않았습니다.

과거에 커피 시장에서는 시간이 지나 산패한 원두에서 나는 불쾌한 냄새를 감추기 위해 헤이즐넛 향을 덧입혀서 마치 신선한 커피인 것처럼 포장해서 판매한 일이 많았습니다. 헤이즐넛 커피는 한마디로, 신선하지 못한 커피를 판매하기 위한 위장책이었던 것입니다. 그런 의미에서, 헤이즐넛 향의 사용은 커피의 본질을 더 선명하게 드러내기보다는 오히려 그 결함을 은폐하는 장치로 보였습니다.

더욱 우려스러웠던 것은, 이들 음료의 성분이 충분히 투명하게 공개되어 있지 않았다는 점입니다. 대추 씨앗이나 곡물류를 강하게 볶아 커피 비슷한 향미를 냈다고 하는데, 그 재료가 인체에 미치는 영향은 확인하기 어려웠고, 정확한 원료 표시 없이 소비자에게 제공된다는 점이 내내 마음에 걸렸습니다.

사실 탄수화물과 아미노산(특히 아스파라긴)을 고온 120℃ 이상으로 볶을 때 '아크릴아마이드'(Acrylamide)라는 발암물질이 나오는데, 어느 정도로 강하게 대체물질을 볶았는지 전혀 알려주고 있지 않기 때문에 마시는 동안 찜찜함이 가시지 않았습니다.

맛이나 향, 신뢰성, 그리고 철학적인 측면에서까지 저는 이 음료에서 커피 고유의 가치를 느낄 수 없었습니다. 솔직히 말해, 그것은 커피를 흉내 낸 가짜 음료이지 커피를 도무지 대체할 수는 없었습니다.

사실 대체커피는, 대한민국에서 처음 개발된 것은 아니고 아주 오랜 역사를 가지고 있습니다.

1806년, 나폴레옹이 유럽 대륙에 내렸던 '대륙봉쇄령(Continental System)' 당시 프랑스는 영국과의 무역을 전면 차단하면서, 커피 수입이 사실상 중단되었고, 이에 사람들은 치커리 뿌리를 강하게 볶아 커피의 대체품으로 삼기 시작했습니다. 그것은 선택의 문제가 아니라 생존의 문제였습니다. 늘 커피를 음료수처럼 마시던 사람들에게 커피의 부존재(不存在)는 생각만 해도 끔찍한 것이었습니다. 그래서 커피 비슷한 음료를 찾기 시작했는데, 치커리 뿌리를 볶아서 우려낸 음료가 가장 커피와 흡사했다는 평가를 받았던 것입니다. 그 시절 치커리 커피는 절박한 시대가 만든 고육지책이었습니다.

비슷한 일이 19세기 미국 남부에서도 일어났습니다. 남북전쟁 당시 해상 봉쇄로 인해 커피 수급이 어려워지자, 지속적으로 커피를 군량품으로 보급을 받던 북군에 비해서 커피를 마시지 못한 남군의 사기는 급속도로 떨어지기 시작했습니다. 남군은 커피의 보급을 위해서 북군과 휴전을 하려고도 했을 정도로 커피에 목말라 있었습니다. 커피를 마시지 못해 애가 탔던 뉴올리언스에서는 '치커리'를 커피 대신 사용하기 시작했고, 이 전통은 이후 일부 지역에서 '치커리커피'라는 이름으로 문화로 남게 되었습니다.

그러나 오늘날, 우리는 커피를 구할 수 없는 시대에 살고 있지 않습니다. 기후위기와 환율폭등으로 인해서 과거에 비해 커피의 가격이 폭등하고 있지만, 여전히 다양한 산지에서 정성껏 재배된 커피 생두들이 세계 각지에서 자유롭게 거래되고 있으며, 소비자들은 점점 더 좋은 품질의 커피를 찾고 즐기고 있습니다. 이러한 풍요의 시대에 굳이 '대체커피'를 마셔야 할 이유는 과연 무엇일까요?

게이샤 커피와
작은 교회

게이샤 커피라는 이름 들어보셨습니까? 일본의 기생을 가리키는 것 같아서 조금은 이상하게 느껴질수도 있습니다. 하지만 이 이름은 "에티오피아의 '게샤(Gesha)' 숲 지명에서 유래한 것이며, 일본의 '게이샤(芸者)'와는 발음의 유사성 외에 아무런 관련이 없습니다

게이샤 커피는 오늘날 전 세계에서 가장 높은 가격에 거래되는 커피 품종 가운데 하나로 널리 알려져 있지만, 처음부터 그렇게 존중받았던 것은 아니었습니다.

그 시작은 1931년, 에티오피아 남서부의 고리 게샤(Gori Gesha) 숲에서였습니다. 당시 이 품종은 병충해에 강한 커피를 찾기 위한 영국 식민지 농업 프로젝트의 일환으로 채집되어, 이후 케냐와 우간다를 거쳐 중앙아메리카로 전파되었지만, 오랜 시간 동안 그 가치를 인정받지 못하고 잊혀갔습니다.

농장주들이 게이샤 품종을 외면했던 이유는 분명했습니다. 다른 품종에 비해 수확량이 현저히 낮았고, 나무의 키가 크며 가지가 길게 뻗어 관리가 매우 까다로웠기 때문입니다. 더불어 커피녹병과 같은 병충해에도 취약하여, 병에 강하고 수확 효율이 높은 카투라(Caturra)나 카티모르(Catimor)와 같은 품종에 비해 경쟁력이 떨어진다고 여겨졌습니다.

그 결과, 게이샤는 오랫동안 '재배 가치가 낮은 품종'이라는 평가 속에 주목받지 못한 채 그늘에 머물러 있었습니다.

그러나 2004년, 파나마 보케테 지역에 위치한 에스메랄다 농장(Haci-enda La Esmeralda)이 이 품종을 단일로 재배하여 Best of Panama 대회에 출품하면서 전환점이 찾아왔습니다. 당시 심사위원들은 자스민을 연상케 하는 꽃향기, 감귤류의 산뜻한 산미, 열대과일의 복합적인 풍미, 그리고 입안에 남는 청명한 여운에 깊은 감동을 받았고, 이 커피를 단순한 음료가 아닌 '예술'로 평가하기에 이르렀습니다.

그 해, 게이샤는 파운드당 21달러라는 당시로서는 상상하기 어려운 고가에 낙찰되었으며, 이후 매년 새로운 경매가를 갱신하며 세계 최고가 커피의 자리를 굳건히 지켜오고 있습니다. 2019년에는 파운드당 1,029달러, 2020년에는 1,300달러를 넘어서는 경이적인 기록을 세우기도 했습니다.

이처럼 게이샤 커피의 높은 가치는 희소성 때문이 아니라, 그 안에 담긴 깊이 있는 향미 때문입니다. 이 커피가 세상의 주목을 받게 된 것

은 커피의 제 3의 물결의 시대에 맞춰서 커피 본연의 맛과 향에 집중한 결과였습니다.

게이샤 커피는 재배하기 어려운 품종입니다. 키가 크고 가지가 길며 병충해에 약하기 때문에 끊임없는 돌봄과 세심한 관리가 필요합니다. 그러나 그 어렵고 수고로운 과정을 포기하지 않고 정성으로 돌본 농부가 있었기에, 오늘날 게이샤는 하나의 예술이 되었고, 커피 문화 자체를 새롭게 정의한 품종이 되었습니다.

이와 마찬가지로 작은 교회를 향한 목회 역시 더 많은 수고와 눈물이 필요합니다. 외부의 인정은 더딜 수 있고, 열매가 쉽게 드러나지 않을 수도 있지만, 그 안에 담긴 사랑과 헌신, 인내와 진실함이야말로 하나님께서 가장 귀하게 여기시는 열매입니다.

외롭고 지치기 쉬운 길이지만, 묵묵히 이 길을 걸어가는 작은 교회의 목회자들은 마치 척박한 고지대에서 게이샤 커피나무를 정성스럽게 가꾸는 농부와도 같은, 하나님 나라의 향기를 키워내는 영적인 농부들이 아닐까요?

사실, 게이샤 커피의 여정은, 작은 교회 목회의 모습과 놀랍도록 닮아있습니다. 오랜 시간 동안 교회의 가치는 예배당의 크기나 출석 인원, 프로그램의 다양성 같은 외형적 기준으로 평가되곤 했습니다. 그 속에서 작은 교회는 자주 초라하게 여겨졌고, 심지어 목회자 스스로도 위축되거나 낙심하곤 해왔습니다.

그러나 시대는 변하고 있습니다. 코로나19와 같은 전 지구적 위기를 겪으면서 사람들은 다시 본질을 찾기 시작했습니다. 교인수는 적을지라도 공동체가 살아 있고, 외형은 작을지라도 복음의 향기가 스며 있는 교회, 관계가 살아 숨 쉬고, 눈물과 기도가 있는 교회. 바로 그것이 오늘날 우리가 다시 주목해야 할 진정한 교회의 모습입니다.

게이샤 커피가 그러했듯, 세상의 주목을 받지 못한다고 해도 작은 교회는 여전히 귀하고 존귀한 존재입니다. 진정한 가치는 언제나 눈에 띄지 않는 곳에서 자라납니다. 키우기 어렵고 수확량이 적고 병에 취약하다는 이유로 외면받았던 게이샤가 세계 최고의 커피가 되었듯, 겉으로 보기에 작고 연약해 보이는 교회라 할지라도 그 안에 진실한 복음의 향기와 성령의 열매가 있다면, 그것은 이 시대 하나님 나라의 향기를 진하게 풍기는 귀한 등불입니다.

고가의 커피 한 잔이 그 여운만으로 사람의 마음을 적시듯, 작은 교회는 세상의 기준으로는 결코 측정할 수 없는 은혜의 깊이를 간직하고 있는 공동체라고 할 수 있습니다.

작은 교회에서는 예배 후의 악수 하나, 눈빛 하나, 짧은 기도 한 마디가 깊은 위로와 회복의 통로가 됩니다. 그 안에는 숫자로 환산할 수 없는 진심이 있고, 관계의 온기가 살아있습니다. 게이샤 커피 한 잔이 긴 시간 여운을 남기듯, 작은 교회는 한 사람의 인생을 변화시키는 은혜의 무게를 품고 있다고 볼 수 있습니다.

게이샤 커피가 세상의 '높은 가격'으로 그 가치를 증명했다면, 작은 교회는 세상의 기준으로는 결코 값을 매길 수 없는 '값없이 주시는 은혜'의 깊이로 그 존귀함을 증명합니다. 그 가치는 희소성이 아닌, 누구에게나 열린 거룩함에 있습니다.

외형은 화려하지 않아도, 숫자는 많지 않아도, 길은 멀고 더딜지라도, 진심으로 뿌리내린 사랑과 기도는 반드시 하나님의 때에 아름다운 열매를 맺게 될 것입니다.

지금 이 시간, 작은 교회를 섬기고 계신 모든 목사님들과 사모님들께 여러분은 게이샤 커피나무처럼 귀한 존재라고 말씀드리고 싶습니다. 세상은 몰라줄지라도, 하나님은 여러분의 눈물과 수고를 기억하시며, 결국에 그 향기는 분명히 온 세상 끝까지 진동하게 하실 것입니다.

용서,
그 쓴맛 속에 남는 향기

일본 소설 《커피가 식기 전에》(コーヒーが冷めないうちに)는 가와구치 도시카즈(川口俊和)의 베스트셀러 소설로, 동명의 영화로도 만들어졌습니다. 이 소설의 메타포는 커피와 관련이 있습니다. 도쿄의 작은 카페에서 특정 자리에 앉으면 과거로 돌아갈 수 있는데, 단 커피가 식기 전에 돌아와야 한다는 규칙이 있다는 것에서 용서와 화해의 이야기가 펼쳐집니다.

커피와 기다림

커피는 기다림의 음료입니다. 갓 내린 커피는 뜨겁고 쓰지만, 시간이 조금 흘러야 그 속에 숨겨진 향과 부드러움이 드러납니다. 용서도 이와 닮아 있습니다. 마음에 깊은 상처가 생겼을 때, 당장은 분노와 아픔이 치밀어 오르지만, 시간이 가라앉히는 여유 속에서 우리는 조금씩 상대를 이해하고, 용서를 선택할 힘을 얻게 됩니다.

커피잔에 남은 갈색 자국은 지워지지 않는 삶의 흔적과도 같습니다. 관계 속에서 받은 상처는 완전히 사라지지 않습니다. 그러나 그것이 꼭 부끄러운 것은 아닙니다. 오히려 그것은 살아온 삶의 증거이고, 인간다움의 자취입니다.

커피잔의 얼룩이 오히려 깊은 풍미의 흔적이 되듯, 용서는 상처를 지우는 것이 아니라 흔적을 인정하고 품는 데서 시작됩니다.

엄마를 부탁해

한국적 정서 속에서도 커피와 용서는 자주 맞닿아 있습니다. 신경숙의 소설 〈엄마를 부탁해〉에서는 엄마를 잃고 난 자녀가 카페에서 홀로 커피를 마시며 회한에 잠깁니다. 텅 빈 잔처럼 허전한 마음은 결국 늦게나마 용서를 구하는 간절한 기도로 이어집니다.

카페, 관계를 회복하는 장소

카페라는 공간은 한국 사회에서 특별한 의미를 가집니다. 단지 커피를 마시기 위해 가는 곳이 아니라, 속마음을 꺼내놓고 관계를 회복하는 장소로 소비됩니다. 술자리가 때로는 분노와 방종을 불러온다면, 커피는 대화를 이어주고 마음을 가라앉히는 힘이 있습니다. 작은 테이블 위의 커피잔은 누군가와 화해하고, 용서를 시작하는 조용한 성소(聖所)일 수 있습니다.

성경의 인물들과 화해

성경 속 인물들의 삶 속에서도 용서와 화해의 이야기들을 많이 찾아볼 수 있습니다. 야곱의 사랑하는 아들 요셉은 이를 질투하는 형들의 배신을 쓴맛처럼 삼켜야 했지만, 시간이 지나 하나님의 섭리라고 믿고 향기로 받아들였습니다. 베드로는 예수님을 부인한 쓰디쓴 아픔의 기억이 있었지만 주님의 사랑 안에서 다시 일어섰습니다. 탕자의 아버지는 아들이 집을 나갔을 때 커다란 아픔과 상처가 생겼지만 돌아온 아들을 아무 말 없이 품으며 집 안에 사랑의 향기를 가득 퍼뜨렸습니다.

교제의 다리(Brigde), 커피

쓴맛을 감싸는 향처럼, 용서는 상처 위에 남는 은혜의 향기입니다.

혼자 마시는 커피는 쓸 수 있지만, 둘이 마시는 커피는 대화가 되고 화해로 이어질 수 있습니다. 작은 종이컵 커피 한 잔에도 마음을 여는 순간 용서의 싹이 피어납니다. 교회나 공동체에서 예배 후 함께 마시는 커피는 단지 음료일 뿐만 아니라, 서로의 마음을 풀어주고 관계를 이어주는 교제의 다리가 됩니다.

오늘의 과제

커피는 쓴맛 속에서도 표현하기 어려운 아름다운 향기를 남깁니다. 용서도 마찬가지입니다. 상처가 남아 있어도, 그 위에 덮이는 향기는 사람을 살리고 관계를 회복시킵니다. 오늘 누군가와 커피 한 잔을 나누며 미처 전하지 못했던 말을 용기 내어 건네보면 어떨까요? "미안해." "괜찮아." 짧은 말 한마디가 커피 향처럼 퍼져나가, 우리 마음의 성전을 가득 채울 것입니다.

문화의 강가(Riverside)에서 커피로 제자 삼기

가서 제자 삼으라

예수 그리스도의 마지막 명령은 이렇게 시작됩니다.

"그러므로 너희는 가서 모든 민족을 제자로 삼으라." (마태복음 28:19)

이 지상명령은 단순히 사람을 교회로 모으는 데 그치지 않고, 예수의 가르침을 삶으로 실천하는 제자를 길러내는 데 초점이 맞춰져 있습니다. 초대교회의 선교는 언제나 삶의 현장에서 시작되었습니다. 사도 바울이 복음을 전할 때, 그는 의도적으로 사람들이 모이는 접촉점 (contact point)을 찾았습니다. 빌립보에서 루디아를 만난 사건이 그 대표적 예입니다.

"안식일에 우리가 기도할 곳이 있을까 하여 문 밖 강가에 나가 앉아서 모인 여자들에게 말하더니...주께서 그 마음을 열어 바울의 말을 따르게 하신지라." (사도행전 16:13 - 14)

바울이 사람을 만난 '강가'는 빨래를 하고 물을 긷는 삶의 자리, 그리고 문화가 흐르는 공간이었습니다. 복음은 종교적 장소가 아니라, 일상의 대화가 오가는 생활의 현장에서 전해졌습니다.

새로운 강가를 찾으라

시대가 변했습니다. 복음의 본질은 변하지 않지만, 복음이 흘러가는 통로는 새로워져야 합니다. 과거에는 노방전도와 가정방문이 주요한 방법이었지만, 오늘날 사람들은 낯선 전도자에게 마음을 쉽게 열지 않습니다. 예전에는 사랑방이나 우물가가 만남의 장소였다면, 이제는 문화적 공감대가 새로운 접촉점이 되었습니다. 따라서 '제자 삼기'를 위해서는 이 시대의 새로운 강가, 즉 문화의 강가를 찾아야 합니다.

오늘날의 문화의 강가는 SNS, 유튜브, 북카페, 전시회, 그리고 가장 일상적인 공간인 카페입니다. 국민소득 4만 달러를 바라보는 이 시대 사람들의 목마름은 이제 물질이 아니라 문화적 감성과 관계적 위로에 있습니다. 사람들은 커피를 단순히 마시는데 그치지 않고, 직접 배우고 만들어 보며, 집 안에 작은 카페 공간을 꾸미기도 합니다.

소비자로 머무르지 않고 문화의 참여자로 살아가고자 하는 욕구가 커지고 있습니다. 이처럼 커피는 단순한 음료를 넘어 사람들의 목마름을 해소하는 문화의 샘터가 되었습니다. 그리고 바로 이 지점이 복음의 가장 강력한 접촉점이 될 수 있습니다.

교회 공간을 커피 교육장으로

커피 전문가가 되기까지는 오랜 시간이 필요하지만, 모든 이가 최고 수준의 바리스타가 될 필요는 없습니다. 이웃과의 접촉을 위해 교회 안에서 기초적인 커피 기술을 배우고 가르치는 것만으로도 충분합니다. 교회 공간을 활용해 지역 주민을 초청하고, 목회자가 직접 커피를 가르친다면, 그것보다 자연스러운 전도의 통로는 없을 것입니다.

커피는 문화, 관계, 휴식, 나눔이 담긴 상징입니다. 교회에 마음을 닫았던 사람들도 커피를 배우는 과정에서 경계가 허물어지고, 자연스러운 대화와 신뢰가 생깁니다. 하워드 슐츠는 "스타벅스는 커피를 파는 회사가 아니라 관계를 파는 회사다"라고 말했습니다. 이 말은 곧 복음 사역의 본질과도 맞닿아 있습니다. 커피를 함께 나누는 과정에서 관계가 형성되고, 마음이 열리며 신앙이 전해지는 것, 그것이 바로 '커피로 제자 삼는 사역'의 핵심입니다.

커피를 선교의 도구로 삼는다는 것은 단순히 커피를 팔아 수익을 내는 것이 아닙니다. 커피를 팔면 장사꾼이 되지만, 커피를 가르치면 복음을 전할 기회가 열립니다.

문화의 강가에서, 다시 루디아를 만나다

바울이 빌립보의 강가에서 루디아를 만났듯이, 오늘 우리의 '강가'에도 새로운 루디아들이 기다리고 있습니다. 그들은 종교에는 무관심하지만, 문화에는 반응합니다. '신앙'이라는 단어는 낯설게 느껴지지만, 따뜻한 커피 선생의 미소와 환대에는 마음을 엽니다.

우리는 커피 교육이라는 문화적 매개를 통해 누군가의 마음을 여는 사역자가 될 수 있습니다.

교회의 커피 강의실이 루디아의 강가가 되고, 그곳에서 예수의 제자가 세워지는 역동적인 장면이 일어날 것입니다.

커피로 제자 삼으라

예수님은 성전이 아니라 세상 한가운데서 제자를 삼으셨습니다. 그분의 방식은 언제나 관계의 언어였고, 문화의 현장이었습니다.

오늘 우리의 문화의 강가, 바로 그 자리가 커피 한 잔의 자리입니다. 그 향기로운 한 잔 속에서 누군가의 마음이 열리고, 하나님 나라가 확장됩니다.

문화의 강가에서, 커피로 제자를 삼으십시오.

커피의 향기 속에서 새로운 생명이 피어나고, 수많은 복음의 열매들이 맺혀지게 될 것입니다.

커피, 그 사랑으로 뜸 들이기:
성숙을 위한 기다림의 미학

목욕탕과 뜸들이기의 원리

목욕탕에서 때를 불리기 위해 몸을 담그는 행위는 단순히 시간을 보내는 것이 아닙니다. 이는 피부 각질층이 충분히 부드러워져 불필요한 노폐물을 쉽게 제거할 수 있도록 준비하는 과정입니다. 서둘러 탕에서 나와 샤워만 하는 경우, 이 '준비' 과정이 생략되어 제대로 된 결과를 얻기 어렵습니다. 이는 '뜸들이기'의 원리가 일상적인 행위에 깊숙이 내재되어 있음을 보여줍니다.

뜸: 지연이 아닌 성숙의 시간

국어사전에서 정의하는 '뜸'은 '어떤 일의 진행이 잠시 멈춘 상태' 또는 '기다림'을 의미하는 시간적 여백입니다. '말에 뜸을 들이다', '밥을 뜸 들이다'와 같은 표현은 단순히 시간을 지연시키는 것이 아니라, 내용물이 충분히 농익고 완성될 수 있도록 기다리는 능동적인 행위를 나타냅니다. 이 시간은 성숙을 위한 필수적인 단계이며, 외부의 관찰자가 보기에는 멈춰 있는 것처럼 보일 수 있지만 내부적으로는 중요한 변화가 일어나는 과정입니다.

커피 뜸들이기: 향미 물질 추출의 과학적 기초

커피 한 잔을 만드는 과정에서 뜸들이기는 과학적으로 매우 중요한 역할을 수행합니다. 핸드드립 커피의 경우, 첫 물을 부은 후 약 30초간 뜸을 들이는 시간을 갖습니다. 이 짧은 시간 동안 커피 가루는 수분을 흡수하여 이산화탄소 가스를 배출하고 부풀어 오르는 현상, 즉 블루밍(blooming)이 일어납니다. 이 과정은 단순히 외형적인 변화를 넘어, 커피 세포벽을 개방하여 내부의 다양한 향미 물질들이 물과 효율적으로 접촉할 수 있는 통로를 마련합니다.

에스프레소 추출에서는 프리인퓨전(pre-infusion)이라는 2-5초 내외의 짧은 뜸들이기 단계가 핵심입니다. 이 단계에서 낮은 압력으로 소량의 물을 커피에 주입하면, 가스가 빠져나가면서 커피 입자 사이의 밀도가 균일해집니다. 이는 채널링(channeling) 현상, 즉 물이 커피 가루의 특정

부분으로만 흐르는 것을 방지하여 추출의 불균형을 막고, 멜라노이딘, 클로로겐산, 그리고 다양한 에스테르 화합물과 같은 향기로운 화학 성분들이 골고루 추출될 수 있는 최적의 환경을 조성합니다.

바리스타들이 '커피의 향기는 뜸에 달려 있다'고 강조하는 이유는, 뜸 들이기가 단순히 맛을 넘어 커피의 복합적인 향미 프로파일을 결정짓는 결정적인 요소이기 때문입니다.

인간관계와 신앙의 여정: 사랑으로 뜸들이기

커피에 뜸들이는 시간이 필요하듯, 사람의 마음에도 마찬가지입니다. 이해, 회복, 사랑, 변화는 모두 시간을 필요로 합니다. 우리는 '기다림이 사랑'이라는 사실을 인지하면서도, 조급한 마음 때문에 실천하기 어려워합니다. 관계 속에서 누군가를 '기다려 준다'는 것은 그 존재를 존중하고, 그의 변화를 위한 시간을 허락하는 가장 깊은 형태의 사랑입니다.

신앙 공동체에서도 이 원리는 동일하게 적용됩니다. 교회에 처음 방문한 사람에게 서둘러 '등록'을 요구하기보다는, 먼저 사랑으로 뜸을 들여야 합니다. 이름을 불러주고, 따뜻한 인사를 건네고, 함께 식사하며 관심을 기울이는 행위는 상대방의 마음을 서서히 부풀어 오르게 하는 '프리인퓨전'과 같습니다. 시스템의 효율성보다 사람의 마음이 서서히 열리기를 기다리는 것이 더 중요합니다.

하나님의 사랑: 뜨거움으로 뜸들이기

어린이 찬양 "앗! 뜨거워 예수님 사랑"이라는 노래를 기억하시나요? 이 노래는 하나님의 사랑이 단순히 따뜻함을 넘어 뜨거운 열정을 담고 있음을 통찰력 있게 표현합니다. 차가운 친절보다 미숙하더라도 진심이 담긴 따뜻함이 사람의 마음을 움직이는 힘을 가집니다.

처음 교회를 찾은 사람이 뜨거운 사랑을 경험하며 마음의 문이 열릴 때, 비로소 복음은 그 영혼 깊숙이 뿌리내릴 수 있습니다. 그리고 그 안에서 그리스도의 향기가 피어납니다.

각자의 시간에 피어나는 향기

커피처럼 사람도 뜸들이는 시간이 제각각 다릅니다. 헤르만 헤세가 『데미안』에서 "사람은 저마다 자기만의 시간에 깨어난다"고 말했듯이, 누군가는 빠르게 반응하고 누군가는 더디게 반응합니다. 중요한 것은 그들의 속도에 맞추어 기다려 주는 일이며, 그 기다림의 시간을 사랑으로 뜨겁게 채워가는 일입니다. 오늘, 누군가를 사랑으로 뜸 들이고 있다면, 머지않아 그에게서 향기로운 복음의 향기가 피어날 것입니다.